BRUCKMANNS LÄNDERPORTRÄTS

SCHWEDEN

»ALS SIE DANN ÜBER BOHUSLÄN HINFLOGEN,
WURDEN DIE HOCHEBENEN WEITLÄUFIGER;
DIE TÄLER LAGEN TIEF DRUNTEN WIE SCHMALE,
AUS DEM GEBIRGE HERAUSGESPRENGTE SCHLUCHTEN,
UND DIE LANGEN SEEN DRINNEN WAREN SO SCHWARZ,
ALS SEIEN SIE AUS DER TIEFE DER ERDE AUFGESTIEGEN.
JA, ES WAR WIRKLICH EINE WUNDERSCHÖNE LANDSCHAFT;
UND SO, WIE DER JUNGE SIE JETZT UNTER SICH SAH,
BALD VON EINEM SONNENSTRAHL ERHELLT,
BALD IM DUNKLEN SCHATTEN LIEGEND,
HATTE SIE EINEN GANZ EIGENARTIGEN REIZ.«

SELMA LAGERLÖF, WUNDERBARE REISE DES KLEINEN
NILS HOLGERSSON MIT DEN WILDGÄNSEN

BRUCKMANNS LÄNDERPORTRÄTS

SCHWEDEN

FOTOGRAFIE UND TEXT: PETER MERTZ

BRUCKMANN

Nationalpark
Sehenswürdigkeit

Vadvettjåkka N.P.
Narvik
Karesuando
Abisko
Nikkaluokta
Kiruna
Vittangi
Stora Sjöfallet N.P.
Padjelanta N.P.
Sarek N.P.
Gällivare
Muddus N.P.
Kvikkjokk
Ylitornio
Jokkmokk
Jäkkvik
Pieljekaise N.P.
Lappland
Arjeplog
Harads
Haparanda
Boden
Norrbotten
Luleå
Haparanda Skärgård
Tärnaby
Arvidsjaur
Gammelstad von Luleå
Atlantik
Storuman
Skellefteå
Västerbotten
Wilhelmina
Lycksele
Björnlandet N.P.
Dorotea
Åsele
Umeå
Strömsund
Ångermanland
Höga Kusten
Örnsköldsvik
Skuleskögen N.P.
Åre
Trondheim
Östersund
Sollefteå
FINNLAND
Stugsjön
Jämtland
Kramfors
Töfsingsdalen
Härje-
Ånge
Rogen
Nat.Reserv.
Medelpad
Sundsvall
Sånfjället N.P.
Sveg
dalen
Ljusdal
Hudiksvall
Hamrå N.P.
Sarna
Fulufjället N.P.
Hälsingland
Sälen
Söderhamn
Dalarna
Mora
Bottnischer Meerbusen
Leksand
Gästrik-
Helsinki
Strömsnäs
Falun
land
Malung
Falun
Gävle
Borlänge
Fjärnebofjärden N.P.
Stöllet
Ludvika
Uppland
Finnischer Meerbusen
Eisenhütte Engelsberg
Sala
Uppsala
Oslo
Kopparberg
Västmanland
Norrtälje
Värmland
Västerås
Schlossanlage
Ångsö N.P.
Arvika
Drottningholm
Stockholm
ESTLAND
Karlstad
Birka und Hovgården
Stockholmer Waldfriedhof
Säffle
Örebro
Ekoparken
Garphyttun N.P.
Tyresta N.P.
Treticklan N.P.
Djurö N.P.
Närke
Södermanland
Vitlycke
Dalsland
Felszeichnungen
Vänern
Tiveden N.P.
Bohuslän
Lidköping
Motala
Norrköping
Uddevalla
Linköping
Väster-
Öster-
götland
Vättern
götland
Farösund
Norra Kvill N.P.
Göteborg
Borås
Jönköping
Västervik
Visby
Visby
Skagerak
Gotland
Nordsee
Smaland
Oskarshamn
Store Mosse N.P.
Blå Jungfrun N.P.
Halland
Värnamo
Burgsvik
Varberg
Växjö
Nybro
Öland
Kattegat
Halmstad
Kalmar
Söderåsen N.P.
Blekinge
Karlskrona
Kulturlandschaft Südöland
Karlshamn
Helsingborg
Kristianstad
Marinehafen Karlskrona
Kopenhagen
Skåne
Ostsee
LETTLAND
DÄNEMARK
Malmö
Dalby Söderskog N.P.
LITAUEN
Trelleborg
Stenshuvud N.P.
NORWEGEN
Bergen
RUSSL.

N

0   150 km

Inhalt

5

Kaleidoskop

Die weite Landschaft, die reiche Natur, die Schärenküsten, die verträumten Felder mit roten Höfen und knorrigen Zäunen, die Wälder und einsamen Fjälls, das unvergessliche nordische Licht – dies alles sind Bilder, die wir mit Schweden verbinden. Schweden ist in der Tat eine harmonische Einheit aus Wasser und Stein, aus strahlendem Licht und betäubender Dunkelheit, aus unbarmherziger Natur, malerischen Dörfern und mondänen Metropolen. »Es ist ein Land«, so Selma Lagerlöf, »in dem sich Lichtes und Lächelndes, Dunkles und Ernstes einfach wundervoll vermischen«. Schweden – das ist der Traum von Natur und Freiheitsgefühl. Välkommen!

Rotes Häuschen, blauer See, grüne Wälder – so zeigt sich die typische schwedische Bilderbuchland bei Delsbo im nordwestlichen Dalarna.

SCHWEDEN IST EINE HERAUSFORDERUNG

Die fischreichen Flüsse Mittelschwedens, hier im Färnebofjärden-Nationalpark, sind ein Paradies für Angler.

Im Skuleskogen-Nationalpark ist die Natur wilder Schönheit.

Schweden ist eine Herausforderung. Das soll heißen, dass wir es mit einem Land zu tun haben, das zu den letzten Naturparadiesen Mitteleuropas gehört. Wir erleben hier eine feine Mischung aus wilder und lieblicher Landschaft, aus rauer Natur und hoch technisierter Gesellschaft, die jedoch selten zum Widerspruch wird. Wie selbstverständlich Hightech und Tradition, Progressivität und alte Bräuche miteinander leben, wird uns schnell gegenwärtig. Und inszeniert ist das alles in traumhaften Landschaften, Kulissen mit wunderschöner Natur: Ein deutliches Nord-Süd-Gefälle führt uns von den Stränden Skånes bis zu den einsamen Fjälls der Samis hoch über dem Polarkreis.

Gewiss wird man auch in diesem Land ähnliche Probleme antreffen, wie sie auch bei uns zu Hause allgegenwärtig sind. Schweden ist kein Traumland, das fern der Wirklichkeit nur paradiesische Bedingungen bietet. Doch eine Reise durch dieses Land wird stets zur Herausforderung, denn sie ist nie ganz vorhersehbar.

Schweden ist eine Herausforderung. Es ist zwar »nur« das viertgrößte Land Westeuropas, doch seine lang gestreckte Form, die über 13 Breitengrade und knapp 1600 Kilometer vom Öresund im Süden bis zum Torneträsk in den hohen Norden reicht, verleiht dem Land eine fast unendliche Dimension. Wer auf den Spuren Nils Holgerssons unterwegs ist, bewegt sich zwischen zwei Meeresküsten, 100 000 Seen, dutzenden einsamen Fjälls und dichten, einsamen Wäldern. Der Reisende wird gleichermaßen einen modernen Industriestaat und ein Reservat der letzten ursprünglichen Landschaften Europas vorfinden. Denn obwohl es hoch industrialisiert ist, lässt sich Schweden auch

heute noch weitgehend so erleben, wie es Nils Holgersson bei seinem wunderbaren Flug mit den Wildgänsen vor 100 Jahren tat. Die Menschen erhielten sich trotz der hoch technisierten Wirtschaft ein Gefühl für alte Traditionen und Bräuche, wie es kaum in einem westlichen Land der Fall ist. Und das nicht nur zur Erbauung der Touristen! Schweden bietet ein unnachahmliches Patchwork aus Kulturlandschaft und Wildnis, ein »großes gewürfeltes Tuch«, wie es Nils Holgersson beschreibt, das dem Besucher den Traum von unberührter Natur, Freiheit und Abenteuer mit rauschenden Urlaubserlebnissen erfüllt.

In einem so lang gestreckten Land unterscheiden sich die Landschaften des Südens und Nordens natürlich gewaltig. Könnte man Schweden vom Polarkreis aus überblicken, böte sich ein abwechslungsreiches Panorama:

Am Polarkreis sieht man ein ödes, menschenleeres Land vor sich. Die Berge im Norden bedecken fast ein Viertel der Oberfläche, der Süden hingegen besteht aus einer bunten Mischung aus Feldern und Wiesen, die noch sehr an Dänemark erinnern.

Ein erstes Gefühl für das gewürfelte Tuch verleiht uns eine Autofahrt von Skåne bis zum nördlichsten Punkt Lapplands. Auf die Vierkanthöfe und Dörfer nach kontinentalem Muster folgt das eigenwillige Bohuslän mit seinen Schärenküsten. Hier tritt die schwedische Urgeschichte in Form von zahllosen Felsritzungen wie in einem Bilderbuch aus Stein zutage.

Die riesigen Wälder Värmlands mit den darin eingebetteten lichtblau glänzenden Seen – ein erster Vorgeschmack des Nordens – strahlen ebenso viel

Einsamkeit aus wie die wilden, dicht bewaldeten Anhöhen Smålands, laut Selma Lagerlöf ein »zerfetzter Teppich auf Spiegelglas«. Dörfer wie Kattult oder Vimmerby wurden als Heimat von Pippi Langstrumpf und Michel von Lönneberga weltbekannt.

Durch Västergötland zieht sich der Götakanal, ein blaues Band zwischen goldgelben Kornfeldern und den großen Seen Vänern und Vättern. Er ist der ganze Stolz schwedischer Ingenieurskunst des 19. Jahrhunderts.

An den Ufern des Mälarsees erhebt sich die Hauptstadt Stockholm, die Mälarkönigin, die auf 14 Inseln erbaut wurde. Sie steigert das schwedische Wechselspiel aus Wasser und Licht, aus Stein und Glas zu einem ungeahnten Fortissimo. Das Selbstbewusstsein der Schweden kommt an keinem Ort deutlicher zum Ausdruck als in ihrer strahlenden Hauptstadt.

Schweden ist eine Herausforderung. An seinem Westrand zieht sich wie ein steinernes Rückgrat ein Gebirge entlang, das sich nach allen Seiten zum Meer hin senkt und seine breiten Ströme zur Bottnischen See ausschickt. Und die See ist allgegenwärtig, ob in Bohuslän, an der Bästkust, auf Gotland oder in Schonen.

Gefurcht von den Wogen und Winden, aus Granit erbaut präsentiert sich an den Küsten ein eigenwilliges und einzigartiges Land, das einem Labyrinth aus Wasserstraßen und Felskuppen gleicht. Es ist durchsetzt mit den weißen Kielen der Segelboote, geschmückt mit den farbenfrohen Holzhütten der Fischer. Man könnte meinen, Land und Meer hätten sich nicht geeinigt, wo sie anfangen oder wo sie enden wollen. Dies ist ein Grenzland

mit einer endlos scheinenden Küste, beständig und flüchtig zugleich, ein Saum für ein Land aus Zeit und Raum. Im Sommer ist die Region das Saint-Tropez des Nordens, im Winter unwirtlich kalt und stürmisch, ein Dialog aus Wind und Wellen, dazwischen die Menschen in ihren meist roten und gelben Holzhäusern, dem Wind und dem Wetter trotzend.

Schweden ist eine Herausforderung. Man könnte meinen, dass sich der Besucher nur allmählich auf dieses Land einstellt, auf seinen Takt des Lichts und der Finsternis, auf die Bedeutung von Sommer und Sonnenwende, auf die Klischees von Kälte und Idylle. Doch dieses Missverständnis ist entlang der Straßen und Wege in den Norden bald ausgeräumt. Wir erleben ein Land, das in den kurzen Sommern wie im Rausch blüht und mit einer gewaltigen Intensität verblüfft, das im Winter das strahlend weiße Kleid des frostigen Schnees anlegt, wenn die Polarsonne es gerade ein paar Stunden erhellt.

Ein Land, das im Frühling mit einer großartigen Blütenpracht und Frische aus dem Winterschlaf erwacht und sich im Herbst mit den buntesten Farben der Birkenwälder und Zwergstrauchheiden schmückt.

Wir erleben ein Land, in dem die Natur zum Maler und die Seen zur Leinwand werden, wo die Magie des Lichts den Himmel in einen Baldachin verwandelt, wo die hellste Nacht des Jahres in der milden Juniluft aufzieht.

ERSTE BEKANNTSCHAFT MIT DEM MITTSOMMERLAND

Schon ein Blick auf die Landkarte macht deutlich, dass Schweden innerhalb Europas aus dem Rahmen fällt. Es ist zwar nur das viertgrößte Land Europas – Spanien, Frankreich und Russland sind größer –, doch verleiht ihm seine lang gestreckte Form die Dimension des Unendlichen. Je weiter man nach Norden kommt, umso häufiger geben die Schweden die Entfernungen in »mil« an. Diese Angabe umfasst zehn Kilometer – ein Versuch, die großen Distanzen zumindest sprachlich zu verringern. Jeder, der Schwedens Mischung aus Kulturlandschaft und Wildnis einmal erlebt hat, versteht, dass die Bewohner ihr Land mit Stolz repräsentieren. Die außergewöhnliche Weite des Landes, die Freiheit, die wir hier genießen, und der für den vom Lärm und Stress geplagten Urlauber wahre Luxus der Einsamkeit und der Ruhe machen den Ruf des Landes aus.

Die langen Distanzen, die schwer zu zähmende Landschaft, das bisweilen raue Klima und die mancherorts fast unmenschlich harten Lebensbedingungen haben zudem die Bewohner geprägt: Sie verstehen es, mit der Natur zu leben. Der wahre Schwede gibt sich derart melancholisch und verschlossen, dass er auf uns fast langweilig oder gar humorlos wirkt. Doch ebenso wie sein Land versteht auch er es, sich zu öffnen – zwar langsam, aber bestimmt.

Sehen wir uns die Schweden einmal genauer an. Entlang der 1600 Kilometer vom Skagerrak im Süden bis zum Torneträsk im Norden erstreckt sich ein fast 450 000 Quadratkilomer großes Land, in dem knapp neun Millionen Menschen wohnen. Die Siedlungsdichte beträgt kaum 18 Einwohner pro Quadratkilometer, in den nördlichen Breiten Lapplands sind es sogar weniger als zwei.

Seit jeher unterteilen die Schweden ihr Land in 25 Landschaften oder Provinzen, die wiederum zu drei Großregionen zusammengefasst werden: Norrland, Svealand und Götaland. Die südlichen Regionen sind nach den Stämmen der Svaer und Goten benannt. Svealand, die Großregion in der Mitte, gab dem gesamten Reich seinen Namen, obwohl die Bezeichnung Götaland geschichtlich betrachtet weit bedeutender wäre.

Heute gibt es insgesamt 24 Verwaltungsregionen, auf Schwedisch »Län« genannt, die sich jedoch nur teilweise mit den 25 »Landschaften« decken. Die Tatsache, dass jedem »Län« ein charakteristisches Tier und eine Pflanze zugeordnet werden, beweist Schwedens Wertschätzung für die Natur.

Und diese Natur ist einzigartig: Den größten Teil Schwedens nehmen Wälder und Seen ein. Fast 57 Prozent der Fläche sind vorwiegend mit nadelreichen Mischwäldern bewachsen, weiter im Norden dominiert der Birkenwald und setzt sich in Kontrast mit schier endlos scheinenden Moorflächen.

Die fast 100 000 Seen nehmen mehr als 15 Prozent oder knapp 60 000 Quadratkilometer der Landesfläche ein. Der riesige Vänernsee ist mit 5500 Quadratkilometern Fläche der größte Süßwasserspeicher Westeuropas.

Der nördlichste Punkt Schwedens liegt im Dreiländereck mit Finnland und Norwegen. Das »Dreieck des Friedens«, das hier schon 1814 die Grenzen markierte und seither nicht mehr in Frage gestellt wurde, liegt vom südlichsten Punkt Schwedens, Trelleborg, ebenso weit entfernt wie Neapel.

Die warmen Wasser des Golfstromes, die an die westlichen Küsten getrieben werden, machen das Klima Schwedens günstiger, als es die nördliche Lage vermuten ließe. Auch die Westwinde tragen ihren Teil dazu bei:

Ein schwedisches Naturschauspiel: Die Wasseroberfläche eines Sees glänzt wie flüssiges Gold.

In den trockenen Gebirgen des Nordens gibt es einen warmen Fallwind, der unserem inneralpinen Föhn sehr ähnlich ist.

Dennoch ist das Klima hart: Getreide und Kartoffeln können nur bis Mittelschweden angebaut werden. Die Nadelwälder erreichen in den Norden hinein aber Breiten, die in Russland oder Alaska schon der Tundra vorbehalten sind.

Ein Blick in die Naturgeschichte

Um sieben Uhr morgens kündigt eine freundliche schwedische Stimme den Fahrgästen an Bord des Fährschiffes an, dass man sich dem Reiseziel nähert. Der große weiße Dampfer biegt in den Fjord von Göteborg ein. Es sind noch zwei Stunden bis Schweden, doch schon schickt das Land seine Vorboten aus: Schären über Schären, kleine und größere Granitinselchen ragen aus dem in der Morgensonne glänzenden Meer. Diese kahlen Granitinselchen sind nicht nur Zeichen für das beginnende Festland, sie zeugen von der Entstehungsgeschichte Skandinaviens.

Schwedens Entstehung ist gleichzusetzen mit dem Zeitpunkt, als der Eispanzer der letzten großen Eiszeit zu schmelzen begann und die Landmasse freigab. Was darunter zum Vorschein kam, war jahrtausendelang überformter Granit. Die Gletscher schufen sowohl die groben Landschaftsstrukturen als auch die steinernen Becken für die zahlreichen Seen. Den riesigen Ausmaßen des Naturraumes ist es also zuzuschreiben, dass Schwedens Geschick stets von den Naturgewalten geprägt war und ist.

Aus erdgeschichtlicher Sicht teilt sich das Land in fünf Regionen auf. Die älteste und größte umfasst fast die gesamte Südhälfte sowie den östlichen Norden Schwedens. Das aus dem Erdaltertum stammende Gestein wird auf über drei Milliarden Jahre geschätzt. Mittelschweden dagegen ist etwa 500 Millionen Jahre jünger. Hier liegt die

Steine, Felsen und Raukare in allen Variationen beherrschen die Landschaften.

Landschaft von Dalarna mit dem Siljansee, die als eine der lieblichsten und reizvollsten Schwedens gilt. Noch weit jünger sind die Gebirgsregionen. Das Kaledonische Hochgebirge, das im Westen an Norwegen grenzt, faltete sich vor rund 570 Millionen Jahren. Das auch als Skanden bezeichnete Gebirge beheimatet auch den höchsten Berg Schwedens, den 2117 Meter hohen Kebnekaise. In den südlicheren Teilen des Gebirges erstrecken sich weitläufige Fjälls wie das Fulufjäll oder das Idrefjäll, die beide nach Norwegen reichen. Småland, die Inseln Öland und Gotland sowie Teile von Skåne und Västergötland gehen auf das Silur zurück und sind etwas mehr als 400 Millionen Jahre alt. Die geologisch betrachtet »jüngsten« Landschaften Schwedens finden sich im Südwesten und haben ein Alter von ungefähr 200 Millionen Jahren.

Noch heute dauert der Vorgang der Landhebung an, der in der Eiszeit begann und den bereits Carl von Linné um 1734 beobachtete und beschrieb. Die massive Eisschicht, die den gesamten Kontinent bedeckte, war bis zu 3500 Meter dick – sie erdrückte die Landmasse förmlich. Im Zuge des Abschmelzens verringerte sich die Last, aus diesem Grund begann sich Skandinavien zu heben – eine Bewegung, die bis jetzt nicht beendet ist: Immerhin wächst Nordschweden jährlich um einen Zentimeter in die Höhe. Dadurch vergrößert sich auch die Landfläche ständig, Flachwasserbuchten an der Ostseeküste werden so zu Weideland oder Wäldern. Die Universitätsstadt Uppsala, die 70 Kilometer nördlich von Stockholm liegt, war zum Beispiel im ersten nachchristlichen Jahrtausend

eine bedeutende Hafenstadt der Wikingerschiffe. Heute liegt sie kilometerweit im Inland inmitten riesiger ebener Felder!

Die Seen bildeten sich meist in Mulden, welche die Fließbewegung der Gletscher aus dem Gestein schliff. Da diese Bewegung vom Gebirge weg nach Osten zum Bottnischen Meerbusen hin erfolgte, entstanden vorwiegend nach Südosten gerichtete Täler. Diese erstrecken sich von der Kaledonischen Gebirgskette nach Westen in das Land. Aus diesen Tälern treten wasser- und lachsreiche Flüsse aus, die in den Quellseen der Gebirge entspringen. Die Täler weisen eine charakteristische U-Form auf, was auf das Eiszeitalter zurückgeht. Nicht die heute darin fließenden Flüsse gruben sich in den Fels ein, sondern die unter dem Eis laufenden Schmelzwasserströme. Entstehungsgeschichtlich sind diese Täler deutlich jünger als das Gebirge. Die Hochebenen, Fjälls genannt, besaßen dagegen ihre Form schon vor der eiszeitlichen Übergletscherung.

HÄNDLER, KRIEGER, SEEFAHRER

Das Meer, die Schifffahrt und der Handel prägten Schweden seit jeher. Schon in prähistorischer Zeit lebten die Vorfahren der heutigen Skandinavier als Seefahrer und Fischer. Sie befuhren die Seen und Flüsse ihrer dicht bewaldeten Heimat und nutzten diese als Nahrungsquelle und Transportweg. Später folgten die berühmten Wikinger, die die Geschichtsschreiber zum ersten Mal auf die nordischen Rei-

che aufmerksam machten. Mit ihren großen Segelbooten riefen sie sich den benachbarten Volksstämmen machtvoll und furchterregend ins Gedächtnis. Heute versinnbildlichen die Wikinger den kräftigen, bärtigen und rundlichen Skandinavier, der so stark wie gutmütig den Norden beherrscht.

Zu welchem Zeitpunkt Schweden nach der Eiszeit besiedelt beziehungsweise zum ersten Mal erwähnt wurde, ist unklar. Die ersten Zeugnisse einer Besiedelung stammen aus der Bronzezeit. Die Fachwelt vermutet jedoch, dass schon vor 10 000 bis 12 000 Jahren Urstämme aus Mitteleuropa dem langsam zurückweichenden Eis folgten, um die frei werdenden Landmassen zu besiedeln. Bereits um 1500 v. Chr. sollen Handelsbeziehungen bis an die Donau bestanden haben. Zahlreiche Felszeichnungen geben ein anschauliches Bild vom Leben der damaligen Zeit: Die Svear bauten Scheunen, Stallungen, Häuser und sogar rotierende Mühlen. Von der übrigen Welt unbeobachtet, gleichsam eingeschlossen in einem fernen Winkel Europas, lebten die nordischen Völker zunächst 1500 Jahre lang friedlich zusammen. Ihre Kultur erlangte in der Region des heutigen Uppsala ihre erste Hochblüte. Von Gamla Uppland aus, damals Svithiod genannt, unterwarfen die Svear im fünften vorchristlichen Jahrhundert die im Westen lebenden Goten.

Die Wikingerzeit beginnt etwa um 750 n. Chr., wobei darunter auch die staatliche Entwicklung der Nordländer zu verstehen ist und nicht nur die spektakulären Raubfahrten gegen England, Irland und Kontinentaleuropa. Wer waren nun die Wikinger? Beowulf zufolge trugen diese Krieger beim

Kampf Helme mit Hörnern oder Flügeln, mit Juwelen besetzte Langschwerter und mächtige Lanzen. In diesen Jahrhunderten verhielten sich die Skandinavier in Europa wie die Vandalen: Sie raubten, brandschatzten und galten als die Barbaren aus »Ultima Thule«. Nicht einmal die Bibliotheken der Klöster verschonten diese Brandschatzer mit ihren Fackeln.

Mit den Wikingern gelangten aber auch neue Techniken, Wissenschaften und vor allem das Christentum nach Schweden. Ansgar war der erste bedeutende Missionar, der im neunten Jahrhundert auf der Insel Birka, etwa 30 Kilometer westlich von Stockholm im Mälarsee, die erste Kirche baute. Daraus entwickelte sich die Siedlung Björkö, der heute die Ehre als Wiege der schwedischen Nation gebührt. Die Bekehrung der Bewohner ging zunächst nur zögerlich voran. Erst in der zweiten Hälfte des elften Jahrhunderts, als sich die schwedischen Völker allmählich zu einem beginnenden Staat vereinten, hatten die Bemühungen echten Erfolg. Englische und deutsche Missionare waren es, die Schweden in die römische Kirche eingliederten. 1164 trat Schwedens erster Bischof in Uppsala sein Amt an.

Mit dem Abebben der Wikingerzüge um 1050 war der lange Streit zwischen den Königsgeschlechtern der Stenkils, der Sverker und der Eriks ausgefochten und Birger Jarl begründete um 1250 die Folkunger-Dynastie. In der Folge war erstmals eine straffe Organisation des Reiches erkennbar. Birger Jarl gründete in der Mälarmündung an der Grenzlinie zwischen Süß- und Salzwasser die neue Hauptstadt, der er den Namen Stockholm gab. Er schrieb

zudem die schwedischen Menschenrechte fest, die nach Anerkennung des Things – der Volksversammlung – zum Reichsgesetz wurden. Damit war die schwedische Nation mit der Hauptstadt Stockholm geboren.

BASTIONEN EINER GROSSMACHT

Schlösser gehören wie Kirchen oder Klöster zum kulturellen und historischen Vermächtnis jeder abendländischen Nation. Schweden kann mit einer ganze Reihe dieser bedeutenden Prunkbauten aufwarten, was vor allem der Wasa-Dynastie zu verdanken ist. Hunderte Burgen, Schlösser und Herrensitze, so genannte herrgårds sind über das Land verstreut – hier beherrschen sie die Küstenlinie, dort verbergen sie sich hinter Waldkränzen oder Hügeln. Viele der Herrschaftshäuser beherbergen heute, sofern sie nicht als Privathäuser genutzt werden, Hotels oder Restaurants. Einige waren früher Klosteranlagen, was nur unschwer durch Namen wie Skokloster, Börringekloster oder Övedskloster zu erraten ist. Von Süden nach Norden nimmt die Zahl der Schlösser spürbar ab. Schonen hat mit beinahe 200 Schlössern die meisten Prachtbauten zu bieten, gefolgt von der Region rund um den Mälarsee, die vor allem von den mächtigen Wasaschlössern Gripsholm oder Drottningsholm geprägt ist. Das Kernland der Nation war natürlich auch Schauplatz von Machtkämpfen, in deren Folge neben Freud und Leid für die Menschen auch mächtige Bollwerke wie die Festung von Uppsala oder Vaxholm entstanden. In den

nördlichen Gefilden Lapplands, wo Wald, Weite und Einsamkeit das Leben der nomadisch lebenden Samen prägte, waren Schlösser dagegen überflüssig.

Beginnen wir die Schlössertour im 400 Jahre alten Nils-Holgersson-Wasserschloss Vittsklöve im Südosten von Skåne. Hier war der Gänserich Martin gefangen, den Nils befreit und so vor dem Kochtopf gerettet hatte. Seiner Flugroute folgen wir weiter ins waldreiche Dalsland mit dem Herrschaftssitz Baldersnäs, einem Musterbeispiel für einfühlsame Gartenarchitektur in unberührter Urlandschaft. Das bekannteste Schloss Schwedens ist wohl das Wasaschloss Gripsholm im lieblichen Mariefred am Südufer des Mälaren, Schauplatz des gleichnamigen Buches von Kurt Tucholsky. Heute ist es ein wahrer Touristenmagnet.

Nördlich des Mälarsees, auf halbem Weg zwischen Uppsala und Stockholm, findet sich das weiß getünchte, im strengen Vierkantstil errichtete Skokloster, das inmitten einer herrlichen Kulturlandschaft liegt. Es verdankt seinen Ruf nicht der Fassade, sondern der einzigartigen, aus dem 17. Jahrhundert stammenden Inneneinrichtung, die fast vollständig erhalten blieb. Rosersberg, Tidö, Ängsö oder Stjärnsund sind kleine Anlagen auf den gefächerten Halbinseln, die weit in den Mälarsee hineinragen. Die Landschaft liefert hier einmal mehr romantische Kulissen für die schmuckvollen Bauten. Als Bastion der Großmacht und Zeuge des Nordischen Bundes gilt das Schloss von Kalmar an der Ostküste, denn hier wurde Vereinigung der drei nordischen Länder bestätigt. Der romantische Ritterburgstil der Zeit um 1650 blieb uns im Schloss

Vor dem Schloss von Kalmar wiegen sich bunte Kähne im Wasser.

17

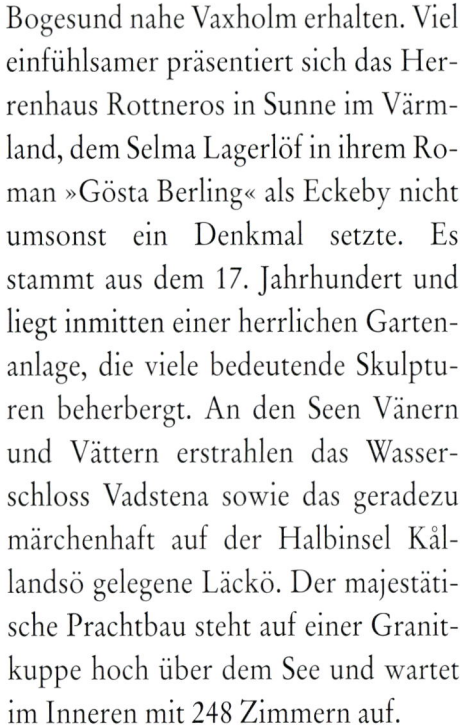

Schwedisches Alltagsleben einst und jetzt, von der Wachablöung vor dem Königsschloss in Stockholm (oben) bis zu den Erlebnismuseen von Jämtli und Skansen (rechts).

Bogesund nahe Vaxholm erhalten. Viel einfühlsamer präsentiert sich das Herrenhaus Rottneros in Sunne im Värmland, dem Selma Lagerlöf in ihrem Roman »Gösta Berling« als Eckeby nicht umsonst ein Denkmal setzte. Es stammt aus dem 17. Jahrhundert und liegt inmitten einer herrlichen Gartenanlage, die viele bedeutende Skulpturen beherbergt. An den Seen Vänern und Vättern erstrahlen das Wasserschloss Vadstena sowie das geradezu märchenhaft auf der Halbinsel Kållandsö gelegene Läckö. Der majestätische Prachtbau steht auf einer Granitkuppe hoch über dem See und wartet im Inneren mit 248 Zimmern auf.

SCHWEDEN UND SEINE MENSCHEN

Es ist nicht mehr ganz einfach, den typischen Schweden oder die typische Schwedin zu beschreiben. Beide sind blond, groß, blauäugig, das mag schon richtig sein. Aber diese Kli-

schees über die Nachfahren der Wikinger treffen nur das äußere Erscheinungsbild. Komplizierter wird es, wenn Lebensstil und Charakter anschaulich gemacht werden sollen. Menschen, die für den Sommer leben, die das Angeln beherrschen, bevor sie lesen und schreiben können. Die kleine bunte Holzhäuschen inmitten der einsamsten Landschaften und tiefsten Wälder bauen, deren Lebensrhythmus weit von dem mitteleuropäischen entfernt ist. Die im Umgang mit anderen eine kühle Herzlichkeit walten lassen und stets Respekt und Distanz bewahren. Wir stellen uns unter den Schweden traditionelle, natürliche Menschen vor, die in der Mischung aus Altbewährtem und Modernem ihre Eigenarten bewahren. Dennoch fällt es schwer, den typischen Schweden und die typische Schwedin zu charakterisieren. Bedenkt man die sehr liberale schwedische Zuwanderungspolitik, die dem Land in den letzten Jahren knapp eine Million neue Bürger aus dem Mittleren Osten, dem Balkan und Indien ge-

bracht hat, wird es immer schwieriger, allgemeine Aussagen über diese Nation zu treffen. Aus diesem Grund lassen wir gelten, was der Journalist Torsten Ehrenmark gesagt hat: »Der Schwede ist, wie er ist, typisch schwedisch. Wir sind zu schüchtern, um es offen zu sagen, aber wir meinen es so: Wir sind in allem die Besten in der Welt. Wie könnten wir etwas anderes sein, mit unserer Sozialgesetzgebung, unseren Häusern, Möbeln, unserem Design, unseren hübschen Mädchen, der freien Moral, unseren Autos und unserem technischen Know-how und unserem Smörgåsbord? Welche andere Nation kann schon so viele kleidsame Attribute von sich aufzählen, ohne nur eine Schwachstelle zugeben zu müssen? Wir sind die Musternation Europas und das Weltgewissen in einem, das Land, das seine Bürger von der Wiege bis ins Grab schützt. Dazu kommt in letzter Zeit ein ständig steigendes Nationalbewusstsein, gepaart mit einer geschäftigen Überzeugung von der eigenen Wichtigkeit.«

Einige dieser Aussagen mögen übertrieben sein, aber dennoch enthält diese Beschreibung mehr als nur ein Körnchen Wahrheit. Die Schweden gaben sich nie mit der Rolle des Statisten auf der Weltbühne zufrieden, sie glaubten immer eisern an die eigene Stärke. Selbst Widersprüchlichkeit tritt hier als harmonisches Gefüge zutage: Schweden ist eine junge Zivilisation in einem alten Staat, eine kleine Nation in einem großen Land. In weniger als einem Jahrhundert verwandelte man sich vom armen Agrarland in einen der modernsten Staaten der Welt mit einer hoch entwickelten Industrie – eine Meisterleistung, auf die Schweden mit Recht stolz sein kann. Jedoch ist auch im Wohlfahrtsstaat nicht alles Gold, was glänzt: Übersozialisierung, Arbeitslosigkeit, ja selbst Umweltverschmutzung sind hier ebenso Teile der Tagespolitik wie überall in Europa.

Heute arbeiten die meisten Schweden als Beamte oder freiberuflich. Landwirte und Holzfäller sind kaum mehr zu finden, zumindest im Süden und Zentrum des Landes. Es ist für den Wohlfahrtsstaat charakteristisch, dass einfache und körperliche Tätigkeiten immer mehr verschwindet oder zugezogenen Ausländern überlassen wird. Der moderne Schwede gibt sich rational, daher rationalisiert er alles. Doch dabei ist er nie respekt- oder gefühllos. Er ist ein kühler, nüchterner Mensch – mit allen Konsequenzen, die sich daraus ergeben: In den Städten dominieren Glas, Stahl und Beton, außerhalb dagegen See, Baum und Fels. Vielleicht will er so ausdrücken, dass er die Natur beherrscht oder einfach nur, dass wilde Natur und Wohlstand sich nicht ausschließen.

SCHWEDISCHE WOHNKULTUR

Die schwedische Wohnkultur ist mehr eine Überzeugung als ein klar definierter Stil: Man denke nur an das richtungsweisende schwedische Möbeldesign der heute weltbekannten Marke Ikea. Sie machte das Kiefernholz salonfähig, das für Reinheit und Naturverbundenheit steht. Der englische Schriftsteller Lawrence Durrell nannte Skandinavien die Inspiration seiner Buchlandschaft. Der Stil Schwedens entstand aus den geografischen Gegebenheiten des Landes. Architektur wird selten zum Nachteil der natürlichen Umgebung durchgesetzt, sondern wird den Bedürfnissen der Natur angepasst. Man will nichts Neues erfinden, sondern konzentriert sich auf die Vervollkommnung bewährter Konzepte. Dabei übt die jeweilige Landschaft stets großen Einfluss auf die Formen der Häuser und Wohnstile aus. Einige sind also großartig, andere bescheiden. Ihnen allen gemeinsam ist ihre innige Beziehung zu der Landschaft, in der sie wirken und aus der sie hervorgegangen sind. Es zählen nicht blendender Luxus, sondern Dauerhaftigkeit und Solidität. Das Wohngefühl Schwedens setzt die Eigenschaften der umgebenden Landschaft und des rauen Klimas innerhalb der vier Wände fort.

DIE NATIONAL-PARKS SCHWEDENS

Die Nationalparks Schwedens, die von jeder typischen Landschaftsform ein Stück bewahren, gehören sicherlich zu den Hauptsehenswürdigkeiten des Landes. »Wir haben allen Grund, uns über die Nationalparks zu freuen und auf sie stolz zu sein«, meint Valfried Paulsson vom schwedischen Amt für Umweltschutz. »Die Nationalparks sind unsere am stärksten geschützten Naturgebiete, geschützt sowohl für als auch vor dem Menschen«.

Schwedens älteste Nationalparks Sarek, Abisko, Padjelanta, Stora Sjöfallet und Garphyttan wurden bereits 1910 nach Vorbild der US-amerikanischen Parks gegründet. Damit war Schweden das erste Land in Europa, das Nationalparks einrichtete. Die Schutzgebiete haben laut Gesetz die Aufgabe, größere zusammenhängende Flächen bestimmter Landschaftstypen zu bewahren und weitgehend in natürlichem Zustand zu erhalten. Gleichzeitig soll die meist unzugängliche Natur Besuchern geöffnet werden.

Sehen wir uns Schwedens Parks einmal genauer an: Weit im Norden am Torneträsk liegt der Abisko-Nationalpark, etwas südlich bilden die drei Parks Sarek, Padjelanta und Stora Sjöfallet eine große, geschützte Urlandschaft mit einer Fläche von mehr als 5200 Quadratkilometern. Sarek ist der älteste und immer noch größte Park des Landes, er verfügt weder über Wege noch sonstige touristische Einrichtungen. Sarek ist also echte Wildnis und kein Ort für den Menschen.

Westlich davon erstreckt sich Padjelanta über ein riesiges offenes Hochplateau mit riesigen Seen und einigen herausragenden Gipfeln. Dieser Park liegt fast gänzlich oberhalb der Waldgrenze, nur ein kleiner Teil ist von Birkenwald bedeckt. Für den Botaniker ist hier vor allem das Vorkommen der Serpentingesteine mit ihrer eigentümlichen Flora von Interesse.

Stora Sjöfallet ist über eine Straße von Gällivare aus leicht erreichbar. Der größte Teil des Parks besteht aus kahlem Fels, das südliche Plateau überragt die 2013 Meter hohe »Königin von Lappland«, der Berg Akka. Berühmt ist hier auch der Kiefernurwald im Vietasvagge-Tal.

Ebenfalls in Lappland finden sich Muddus, Pieljekaise und Vadvetjåkka. Vadvetjåkka ist der nördlichste schwedische Nationalpark, er liegt am Nordufer des Torneträsk im Grenzgebiet zu Norwegen. Rund 80 Prozent des Gebietes sind kahl – dies ist eine typische arktische Gebirgslandschaft. Der kleinste aller lappländischen Parks ist wegen seiner Abgeschiedenheit praktisch kaum zugänglich, es gibt weder Wege noch Besuchereinrichtungen. Pieljekaise wurde ebenfalls schon 1910 gegründet und liegt etwa 100 Kilometer westlich von Arjeplog. Auf rund 1500 Hektar Fläche werden vor allem die noch sehr ursprünglichen Berg-Birkenwälder geschützt. Der markanteste Punkt ist der Gipfel des Pieljekaise (1138 Meter). Muddus wurde erst 1942 gegründet, hier hat man sich die Erhaltung der natürlichen Wald- und

Unterwegs im Tiveden-Nationalpark, im Süden Schwedens. Im ganzen Land gibt es zahlreiche Parks.

21

Freiheit und Naturerlebnis in einer urwüchsigen Landschaft gehören zu den Dingen, die vor allem in den Nationalparks zu finden sind.

Moorlandschaft Lapplands zum Ziel gesetzt. Urwaldartige Gebiete wechseln mit riesigen Moorflächen, aus denen sich sanft gerundete Hügel erheben. Im Süden und Osten dominiert die Kiefer, wobei es sich meist um 500 bis 600 Jahre alte Baumbestände handelt. Die großartige Wildnis Björnlandet im südlichen Lappland erreicht man über den Weg nach Umeå. Der Park ist einer der wertvollsten Urwälder Schwedens.

Die lappländischen Nationalparks sind die größten des Landes. Die weiter südlich gelegenen Schutzgebiete sind durchweg kleiner als 10 000 Hektar. In Mittelschweden, in Jämtland, liegt Sånfjället, der sogar nur 2600 Hektar groß ist. Er wurde rund um den Gebirgsstock des Sånfjället errichtet und schützt ein typisches Bergland der südlichsten Fjällgebiete. Über die Hälfte der Fläche bedecken urwaldartige Nadelwälder. Bemerkenswert sind auch die hier lebenden Braunbären, die einer eigenen Unterart angehören. Westlich von Funäsdalen an der norwegischen Grenze liegt der Töfsingdalen-Nationalpark. 1930 gegründet, umfasst er 1615 Hektar. Bemerkenswert ist die ursprüngliche Wildnis, die in diesem Park zu finden ist. Blockmeere und urwaldähnliche

Nadelwälder machen es fast unmöglich, sich hier zu Fuß durchzuschlagen. Das Gebiet wird lediglich von einem einzigen Wanderweg durchquert.

Der kleinste schwedische Nationalpark mit dem internationalen IUCN-Gütesiegel ist Tiveden im Nordwesten des Vätternsees in Västergötland. Nur 1300 Hektar groß, beheimatet er einen Nadelwald, der zu den schönsten des Landes zählt. Er besteht hauptsächlich aus Kiefern, die bis zu 200 Jahre alt sind. Eine geologische Besonderheit stellen die riesigen, bis zu zehn Meter hohen Felsblöcke dar, die dicht mit Moos bewachsen sind. Der Park besitzt ein kleines Besucherzentrum sowie 25 Kilometer Wanderwege.

Store Mosse im westlichen Småland erhält eines der größten südschwedischen Moorgebiete in ursprünglichem Zustand. Der Park wurde erst 1982 gegründet und umfasst rund 7700 Hektar. Rings um die riesigen Moore wachsen Kiefern- und Fichtenwälder, die den Besucher glauben machen, er sei bereits in Lappland. Das Gebiet ist wegen der hier zahlreich lebenden Vögel vom 1. März bis 30. September gesperrt. Kranich und Singschwan zählen zu den wichtigsten Brutvögeln.

An der Höga Kusten nahe von Örnsköldsvik beeindruckt der 1984 eingerichtete Skuleskogen-Nationalpark seine Besucher mit einer ursprünglichen Küstenlandschaft aus Bergrücken, dichten Wäldern, Felspartien und tiefen Schluchten. Besonders auffällig sind die Schutthalden, die einst die Küstenregion bildeten und im Zuge der nacheiszeitlichen Landhebung heute zum Teil mehr als 200 Meter über dem Meeresspiegel liegen.

Um eine klassische Insellandschaft der Ostsee zu bewahren, wurde Gotska Sandön nördlich von Gotland 1910 unter Schutz gestellt. Fast gänzlich mit Sand bedeckt, besteht die Insel aus großen, unter der Wasseroberfläche liegenden Kiesmoränen. Ihre Küstenlinien ändern sich ständig, und es gibt keinerlei Hafenbefestigungen. Die Dünenlandschaft ist die Heimat von etwa 400 Pflanzen- und 50 Vogelarten. Ein kleines Areal am Kap Säludden wurde als Schutzgebiet für Seehunde ausgewiesen. Ebenfalls in der Ostsee liegt Blå Jungfrun, ein etwa einen Kilometer langes Eiland, das im Kalmar-

Polarfuchs, Alpensteinhuhn und Kranich sowie Frühlings-Küchenschelle, Vierkantige Moorheide und Arktische Glockenblume sind typische nordische Tier- und Pflanzenarten, die in Schweden zu finden sind.

sund zwischen dem Festland und Öland liegt. Das Schutzgebiet stellt sicher, dass sich die 66 Hektar große Insel ungestört entwickeln kann. Der dritte Nationalpark innerhalb der Ostsee, Haparanda Skärgård, liegt im Norden des Bottnischen Meerbusens. Er beherbergt eine untypisch seichte Schärenlandschaft. Die Kiefernwälder, Dünen und Heideflächen machen die Faszination des Parks aus.

Die südlichsten Nationalparks Schwedens sind Dalby Söderskog und Stenshuvud in der Provinz Skåne. Während der nur 36 Hektar große, östlich der Stadt Lund gelegene Dalby Söderskog einen der letzten südschwedischen Laubwälder beheimatet, weist Stenshuvud an der Ostküste mit seinen 390 Hektar eine hohe biologische Vielfalt auf. Der Hügel Stenshuvud ist Teil eines Karstausläufers, dessen Grundgestein aus rotem Gneis besteht. Vor allem der reichen Flora, den verschiedenen Laubwaldtypen und der Artenvielfalt der Tiere verdankt das Gebiet den Status eines Schutzgebiets. 2001 kam 30 Kilometer östlich von Helsing-

borg der Nationalpark Söderåsen hinzu, der einen Edellaubwald mit tief eingeschnittenen Spaltentälern beherbergt. Die abwechslungsreiche Natur präsentiert sich mit üppigen Laubwäldern, rauschenden Flüssen und gewaltigen Erdsturzhängen.

Der Ängsjö-Nationalpark, der auf einer Insel im nördlichen Teil des Stockholmer Schärengartens liegt, ist vor allem im Frühjahr wegen seines Pflanzenreichtums beliebt. Die Insel hat sich vor allem den Schutz der traditionellen Kulturlandschaft zum Ziel gesetzt. Der gerade einmal 73 Hektar große Nationalpark ist nur per Boot von Vettershåga aus zu erreichen.

Garphyttan, westlich der Stadt Örebro in der Provinz Närke gelegen, wurde 1910 gegründet. Auf 111 Hektar Fläche ist hier ebenfalls eine historische Kulturlandschaft zu finden, denn der Park geht auf die frühere landwirtschaftliche Nutzung zurück. Von besonderem Interesse sind die offenen Blumenwiesen, die von Laubwäldern umgeben sind.

Hamra in Mittelschweden, südlich von Sveg, ist mit 28 Hektar der kleinste schwedische Nationalpark. Hier steht ein Nadelurwald aus Kiefern unter

Schutz. Die 114 Hektar des Norra Kvill im Nordosten von Småland bedeckt ein Nadelwald in unberührtem und ursprünglichem Zustand. Im Kontrast zum intensiv bewirtschafteten Småland besteht hier noch ein echter Urwald aus Kiefern und Fichten sowie vielfältiger Vegetation aus Moosen und Flechten. Einen entlegenen und einsamen Nadelwald umfasst der Tresticklan-Nationalpark im Dalsland im westlichen Schweden. Dieser knapp 3000 Hektar große Nationalpark stellt das größte weglose Waldgebiet Südschwedens dar.

Etwa 200 Kilometer westlich, inmitten des Vänersees, befindet sich der isolierte Süßwasserarchipel von Djurö. Er ist seit 1991 Nationalpark. Seine 30 Inseln mit kargen Föhrenwäldern zeichnen sich durch eine sehr reiche Vogelwelt aus. Vor den Toren Stockholms, nur 20 Kilometer südlich des Stadtgebietes, bewahrt der Urwald von Tyrestra eine alte Risstallandschaft mit kargen, felsigen Kiefernwäldern. Hier befindet sich auch das »Nationalparkernas hus«, das Besucherzentrum für die schwedischen Nationalparks. Einer der jüngsten Nationalparks ist Färnebofjärden, der im östlichen Dalarna nahe Gysinge zu finden ist. Hier steht eine Flusslandschaft am Nedre Dalälven unter Schutz. Die regelmäßigen Überflutungen prägen diesen Nationalpark, der aus einem sensiblen Mosaik außergewöhnlicher Lebensräume zusammengesetzt ist.

LANDSCHAFTEN

UND REGIONEN

Stockholm und der Mälarsee

Der Zauber Stockholms ist ungebrochen. Das »Venedig des Nordens« darf sich mit Recht als eine der schönsten Metropolen der Welt bezeichnen. Ihre einzigartige Lage und die nordische Großzügigkeit verleihen der Mälarkönigin ihre Eleganz.

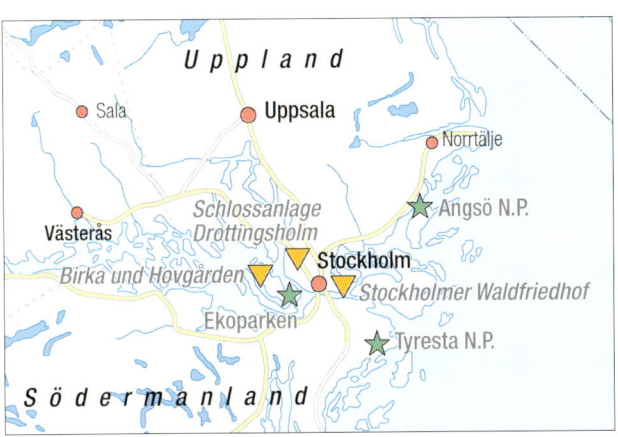

Die Silhouette der Stockholmer Altstadt erstrahlt vor allem im Abendlicht in besonderem Glanz.

Wo der Mälar
die Ostsee trifft

Schon seit jeher bildet die Region rund um den Mälarsee zusammen mit Stockholm und dem vorgelagerten Schärengarten das Kernland des schwedischen Reiches. Stockholm, die strahlende Hauptstadt, verdankt ihren Charme vor allem ihrer Lage am Übergang vom Mälarsee zur Ostsee. Die Stadt mit ihren Prachtbauten, Bürgerhäusern und der pittoresken Altstadt erstreckt sich über insegesamt 14 Inseln – als schwömme sie auf dem Wasser wie ein Schiff aus Backstein und Granit. Nach Osten schließt die einmalige nordische Landschaft des Skärgården – des Schärengartens – an. Sie besteht aus 24 000 Eilanden, die zwischen den tiefblauen Meeresstraßen aufragen.

Das eigentliche Stadtzentrum findet sich am Übergang vom Süßwasser des Mälarsees im Westen zum Salzwasser der Ostsee. Es verteilt sich auf 14 Inseln, die über 52 Brücken miteinander verbunden sind. Wohl aus diesem Grund heißt Stockholm »Venedig des Nordens«. Auch die sprichwörtliche nordische Großzügigkeit und der Lichterglanz verleihen der Mälarkönigin ihre wunderbare Eleganz.

Auch Stockholms vielfältige Kulturszene kann dem internationalen Vergleich spielend standhalten. Die Kunst verbirgt sich dabei nicht hinter Vitrinen und musealen Prunkbauten, denn sie hat längst ihren Platz inmitten der Stockholmer Alltagswelt wie zum Beispiel in den U-Bahnhöfen oder in den Gartenanlagen gefunden.

Stockholms Reiz liegt aber vor allem in seinen Gegensätzen, im Nebeneinander von Natur und Technik, von Tradition und Moderne, von alter und neuer Stadt. So erstrahlt der futuristisch wirkende Sergelstorg nur fünfhundert Meter nördlich der zentralen Inseln Riddarholmen und Helgeandsholmen mit ihren prachtvollen Renaissancepalästen.

Trotz breiter Durchgangsstraßen und einiger Industrieansiedlung kann man mitten in der Stadt im Mälarsee in reinstem Wasser schwimmen oder nach Lachsen angeln. Die Stadt ist – wie es die Stockholmer selbst treffend beschreiben – »arrnorlunda«, also »in allen Dingen völlig anders«.

Die historische Entwicklung der Hauptstadt geht auf ihre strategisch günstige Lage am Eingang zum Mälarsee zurück. Schon vor 4000 Jahren besiedelten Menschen das fruchtbare Land rund um den See. Der älteste heute bekannte Handels- und Siedlungsplatz ist Birka auf der Insel Björkö, den die Waräger um 800 n. Chr. gegründet hatten. Der Ort ist nur 25 Kilometer vom heutigen Stadtzentrum entfernt. Die zunehmende Landhebung machte ab 1100 die Durchfahrt von der Ostsee zum Mälarsee unmöglich. Die Waren mussten nun im Mündungsbereich umgeladen werden. Um den regen Handel kontrollieren und

Zum Verweilen laden die Bänke in Stockholms Altstadt (Stortorget).

besteuern zu können, entstanden auf den Inseln Helgeandsholmen, Stadsholmen und Riddarholmen erste Ansiedlungen sowie aus Holzpfählen gefertigte Befestigungsanlagen. Diesen verdankte die Stadt später ihren Namen, denn Stockholm bedeutet wörtlich übersetzt »Baum- oder Pfahl-Insel«. Um 1252 erscheint der Name erstmals in zwei vom Reichsverweser Birger Jarl unterzeichneten Urkunden, der aus diesem Grund als Stadtgründer gilt. Gegen Ende des 13. Jahrhunderts ging die Bebauung von den zentralen Inseln auf das Festland über, die Bezirke Norr- und Södermalm entstanden. Zur Hansezeit im 14. und 15. Jahrhun-

dert erlangte Stockholm als wichtiges Zentrum des Ostseehandels eine Vormachtstellung, ohne jedoch zur Hauptstadt aufzusteigen.

Obwohl Stockholm auf den ersten Blick wegen seiner zahlreichen Inseln und Kanäle unübersichtlich erscheint, ist sein Zentrum klein und überschaubar. Die wichtigsten Sehenswürdigkeiten liegen nahe beisammen und sind mit der Tunnelbana oder den Fährbooten problemlos erreichbar.

Ein Stadtrundgang sollte beim zentralen Verkehrsknotenpunkt Slussen am Südrand der Altstadt beginnen. Seit 1750 reguliert die hier erbaute Schleusenanlage den Wasserabfluss des

Der moderne Sergelstorg bildet sowohl das Zentrum von Norrmalm wie auch den Eingang zu Stockholms wichtigster U-Bahnstation T-Centralen.

Mälarsees in die Ostsee. In den 1930er-Jahren entstand hier ein moderner Verkehrsknotenpunkt, den die U-Bahn, zahlreiche Buslinien und die Fährschiffe nach Djurgården ansteuern.

Gamla Stan nennen die Stockholmer die drei Innenstadtinseln am Übergang von der Ostsee zum Mälaren: Helgeandsholmen, Riddarholmen und die größte Insel, Stadsholmen. Sie sind über mehrere Brücken miteinander verbunden, was Stockholm den Beinamen »Stadt zwischen den Brücken«

Alt- und Neustatd verbinden sich auf den 14 Inseln zu einem vollkommenen Gesamtkunstwerk, das sich im Sommer mit zahlreichen Festivals wie dem Ballonfest selbst feiert – Bilder aus Gamla Stan, von Globen-City und dem Saltsjön mit Skeppsholmen.

einbrachte. In der mit viel Liebe und noch mehr Kronen renovierten Altstadt schlägt heute das Herz Stockholms heftiger denn je. Verspielte und gemütliche Cafés, Jazzkneipen und kleine Restaurants machen die »Alte Stadt« zu einem der lebhaftesten Viertel Europas. Es ist ein besonderes Erlebnis, hier zu flanieren, zu stöbern, sich von den engen Gassen und Höfen inspirieren zu lassen, das Lichtspiel des Tageslaufes und die Menschen zu beobachten. Die Altstadt ist mit Sicherheit einer der lebendigsten Orte der Stadt. Und das Schönste ist: Hier muss man sich nicht über lauten Verkehr und stinkende Autos ärgern, denn diese werden über die Altstadtkais, wo einst die Hanseschiffe ankerten, an der Innenstadt vorbeigeleitet. In den Gassen, die für jedes motorisierte Fahrzeug zu eng sind, dominieren andere Geräusche: Es gurren die Tauben, plätschern die Brunnen – hier geben die Kirchturmglocken und die tägliche Wachablösung die Zeit vor.

Allerorten kann der Besucher in Gamla Stan eine Entdeckungsreise durch die Stadtgeschichte machen. Wie in alter Zeit säumen die historischen, in warmen Gelb- und Brauntönen gehaltenen Bürgerhäuser die engen Gässchen. Am Südrand findet sich der Järntorget, der belebte untere Marktplatz der Altstadt. Hier wurden früher Eisen

und Kupfer gehandelt. Und hier treffen die schmalen Altstadtgassen Västerlånggatan und Österlånggatan zusammen, deren geschwungene Linien den Verlauf der mittelalterlichen Stadtmauer widerspiegeln. Dazwischen blieb ein Netz aus winkeligen Gässchen und Häusern der mittelalterlichen Stadt erhalten. Wegen der Brandgefahr ist alles ausschließlich aus Stein gebaut. Die Lieblingsgasse der Touristen ist die Österlånggatan, die wegen der zahlreichen kleinen Boutiquen, Kuriositätenläden und Cafés auch als »zweite Hauptstraße« Stockholms bezeichnet wird.

Etwas oberhalb überragt die St.-Gertrud-Kirche das Gewirr von Häusern und Gassen. Im Viertel gibt es viele solcher deutschen Namen, die an die Übermacht der deutschen Kaufleute im Mittelalter erinnern. Die zweischiffige Hallenkirche besitzt einen beinahe 100 Meter hohen Kirchturm, der den Seefahrern früher als Orientierungspunkt diente. Den höchsten Punkt des Viertels markiert der zentrale Stortorget, der älteste Marktplatz Stockholms, den schöne historische Gebäude säumen. An dieser Stelle ließ der dänische König Christian II. im Jahr 1520 etwa 90 Mitglieder des schwedischen Hochadels hinrichten, was als berüchtigtes »Stockholmer Blutbad« in die Geschichte einging.

Im ehemaligen Börsengebäude ist heute ein Museum für Alfred Nobel eingerichtet. Im Eckhaus Nr. 3 lebte die Kaufmannsfamilie Grill; Claes Grill war im 17. Jahrhundert Direktor der Ostindischen Handelsgesellschaft. Heute gilt der Platz vor allem in den Abendstunden als Treffpunkt der Stockholmer, aber auch der Touristen, die in den Lokalen rund um den Platz einkehren. An der Nordseite der Gamla Stan thront majestätisch über dem Wasser das Königliche Schloss. Die Grundmauern dieses gewaltigen Bauwerks gehen auf das 13. Jahrhundert zurück, doch der heutige Bau wurde 1728 begonnen. Der riesige Palast verfügt über 608 Zimmer, drei mehr als der Buckingham Palace. Zur Schlossanlage, in der sich Elemente der italienischen Renaissance und des Barock mit klassizistischen vereinen, gehört auch der im Westen gelegene Schlosshof. Hier ist die tägliche Wachablösung zu sehen.

Nördlich der Altstadt, am unmittelbaren Berührungspunkt zwischen Neustadt und Gamla Stan, folgt die Insel Helgeandsholmen. Dies ist der älteste Stadtteil Stockholms. Bevor 1905 das Reichstagsgebäude errichtet wurde, standen hier nur Fischerhäuser. Rechts daneben folgt das Riddarhuset, eine der bedeutendsten Sehenswürdigkeiten der Stadt: Das ehemalige Parlamentsgebäude zählt wegen seiner harmonisch kombinierten roten Ziegelmauern, weißgrauen Sandsteinpilaster und dem grünen Kupferdach zu den schönsten Bauten der Altstadt. Über die Riddarholmsbron gelangt man zur Insel Riddarholmen, die der Altstadt am Nordwestrand vorgelagert ist. Von hier eröffnet sich der allseits bekannte Panoramablick auf den Mälarsee und das gegenüberliegende Stadshuset. Am breiten Kai ankern die nostalgischen Götakanalschiffe, die seit jeher gut betuchte Reisende in die Stadt bringen – eine eindrucksvollere Anreise gibt es bestimmt nicht. Die Terrasse ist nach Evert Taube benannt, einem der letzten

schwedischen Troubadoure. Sein von K. G. Bejemark errichtetes Denkmal begrüßt seit 1985 alle ankommenden Schiffe.

Die Riddarholmskyrkan, mit ihrem markanten 90 Meter hohen Turm und durchbrochenen gusseisernen Turmhelm aus dem Jahre 1835, überragt die Insel. Von der Spitze des Turmes genießt man den besten Blick auf Riddarholmen und das gegenüberliegende Stadshuset. Dieses Verwaltungsgebäude ist ein Wahrzeichen der Stadt und gehört zu ihren bekanntesten Sehenswürdigkeiten. Es wurde von 1912 bis 1923 nach den Plänen von Ragnar Östberg errichtet. Seine Lage am nördlichen Mälarstrand unmittelbar am Mälarsee ist geradezu einzigartig. Um das prachtvolle Innere besichtigen zu können, muss man sich einer Führung anschließen (mit Ausnahme der Turmbesteigung). Eine der ersten Sehenswürdigkeiten ist die Blaue Halle, ein

Vom Stadshuset-Turm bietet sich ein toller Blick auf Riddarholmen und Gamla Stan.

überdachter Innenhof, von dem aus man zu sämtlichen Dienststellen, Sitzungsräumen und Festsälen gelangt. Hier findet alljährlich die Nobelpreis-Gala statt. Wer den 106 Meter hohen Turm besteigt, dem liegt Stockholm zu Füßen: Von der Aussichtsplattform bietet sich ein atemberaubender Blick in alle Himmelsrichtungen. Auch ein Blick nach oben lohnt sich, denn die Turmspitze trägt die drei vergoldeten Kronen des Reichswappens.

Das Zentrum der eher nüchternen und modernen Neustadt erstreckt sich rund um das Viertel Norrmalm. Dieses wird von breiten Boulevards wie der Hamngata, der Drottningsgata oder dem Sveavägen durchzogen. Beherrschend wirkt hier der futuristische Sergelstorg. Hier befindet sich auch der zentrale U-Bahnhof T-Centralen sowie der von innen beleuchtete Glasobelisk, der aus einem riesigen Brunnen aufragt. Er ist ein Paradebeispiel, wie großzügig die Stockholmer Stadtplanung der 1960er-Jahre war. Die nach dem Bildhauer Johan Tobias Ser-

gel benannte Anlage verströmt eine kühle, technokratische und so gar nicht schwedische Eleganz. Breite Stufen – ein Treffpunkt der Jugend, Straßenkünstler und Geschäftsleute – führen uns zu einer tiefer liegenden Ebene, die direkt in die größte U-Bahn-Station Stockholms mündet.

Unmittelbar am Südrand des Platzes fällt die gläserne Fassade des Kulturhuset ins Auge. Peter Celsing hatte das Gebäude 1962 als optische Ost-West-Verbindung zwischen Sergelstorg und Brunkebergstorg entworfen. Die belebte Drottningsgatan leitet den Spaziergänger vom Sergelstorg nach Süden in Richtung Altstadt. Die Straße, die wegen der wehenden Fahnen auch als »Carnegie Street des Nordens« bezeichnet wird, atmet internationales Flair: Hier mischen sich Touristen unter Einwanderer und Straßenkünstler.

Wir biegen in die Stromgatan ein. Hier bietet sich ein Abstecher zum Stadshuset an, das etwas abseits westlich der Stadshusbron am Norr Mälarstrand liegt.

Der noble Strandvägen gehört zu den vornehmsten Wohnvierteln der Innenstadt.

DJURGÅRDEN UND EKOPARKEN

Die grüne Oase Djurgården im Osten der Stadt ist Naherholungsgebiet und Vergnügungsviertel zugleich. Die weitläufige Parklandschaft beheimatet neben dem berühmten Freilichtmuseum Skansen und dem Vergnügungspark Gröna Lund auch einige Museen wie das Nordische Museum und vor allem das Wasa-Museum. Kleinere Museen sind das Biologische Museum nahe dem Hazelius-Eingang nach Skansen sowie das Aquaria mit Regenwald, Piranhateich und Korallenriff. Die gemütlichen Waldwege, die von der Waldemarsudde, der Wohnstätte von Prins Eugen Waldemarsudde, bis an die Südostspitze zur Blockhusudden verlaufen, werden gerne von Wanderern, Läufern und Reitern genutzt. Sie alle finden in unmittelbarer Nähe der Großstadt ihr Naturerlebnis.

Mit Schloss Rosendal besitzt Djurgården einen königlichen Prunkbau. Er wurde 1820 für Karl XIV. Johan errichtet. Der Bau ist einer der wichtigsten Vertreter des Empire-Stils, der in Schweden auch Karl-Johan-Stil genannt wird.

Die Hauptsehenswürdigkeit Djurgårdens ist aber Skansen, das größte und älteste Freilichtmuseum der Welt. Es vereint auf eindrucksvolle Weise lebendige Volkskunst mit historischen Ausstellungsstücken. 150 Bauwerke aus allen Landesteilen und verschiedenen Epochen vereint das lebendige Ensemble der Anlage, ganz im Sinne des Gründers Artur Hazelius, der das Museum 1891 eröffnete. Er wollte den Alltag und das Leben der Menschen ebenso anschaulich vor Augen führen wie die Traditionen, mit welchen er selbst tief verbunden war. So ließ er Gebäude aus ganz Schweden samt Inventar und Werkzeugen nach Skansen bringen. Zur Anlage gehört auch ein Zoo, der in zum Teil aufwändig gestalteten Gehegen die Tiere des Nordens zeigt. Allein die Blicke auf die Stadt, die sich von den vielen Rundwegen ergeben, machen den Besuch im Skansen zum unvergesslichen Erlebnis.

Dazu kommt noch die kleine »Bergbanan«, eine Standseilbahn, die die 50 Höhenmeter vom Hazeliusplatz zum oberen Eingang überbrückt. Im Sommer sorgen Konzerte, Auftritte von Künstlern und Volksmusikdarbietungen für Abwechslung. Restaurants, Cafés, Geschäfte mit Kunsthandwerk und Unterhaltungsmöglichkeiten für Kinder runden das Angebot ab. Im Dezember ist der Weihnachtsmarkt die große Attraktion.

Djurgården ist Teil des Ekoparken, des ersten National-Stadtpark der Welt. Er wurde 1997 als Pendant zu den Natur-Nationalparks gegründet. Der Park beherbergt auf einer Fläche von 27 Quadratkilometern die großen Grünflächen und Parks wie Södra Djurgården, Norra Djurgården, Haga-Schlosspark und Ulriksdal-Schlosspark. Alle Teile des Ekoparken sind über Wege verbunden und schaffen somit einen großen Naherholungsraum für Stockholm. Der Hagapark erstreckt sich rund um den 5 Kilometer langen Brunnsvikensee, in dessen Umgebung sich einige Fakultäten der Stockholmer Universität befinden. Im Hagapark zählt der am Ostufer des Brunnsviken gelegene Pavillon Gustavs III. zu den interessantesten Vertretern des spätgustavianischen Stils. Er wurde von 1780 bis 1790 von Louis Masreliez für Gustav III. erbaut.

DIE KUNST FÄHRT U-BAHN

benfalls »typisch untypisch« ist die Tunnelbanan. In manch anderen Metropolen der Welt symbolisieren die Untergrundbahnen den Albtraum des auf Sicherheit und Sauberkeit bedachten Bürgers.

In Stockholm setzten die Stadtplaner aber eine ganz andere Idee um: Sie beauftragten verschiedene Künstler, die einzelnen Stationen zu unverwechselbaren Kunstwerken des Alltagslebens umzugestalten.

Fährt der Besucher mit den Rolltreppen beispielsweise in die vermeintlich finsteren Gänge des T-Centralen hin-

ab, umfängt ihn plötzlich eine völlig unerwartete Welt aus Farbe, Form und Struktur, die wie eine blau-gelbe Grotte aus bemaltem Stein und blauen Blattwedeln wirkt.

Schon zu Baubeginn der U-Bahn stand fest, dass alle Stationen der Blauen Linie »Kunstbahnhöfe« werden sollten. Bis heute gestalteten mehr als 160 Künstler zusammen mit Technikern und Ingenieuren 70 der 100 Stationen. Die Schalterhallen, Decken, Bahnsteige und Gleiswände bieten uns also eine wahrhaft fulminante Stil- und Farbenvielfalt.

Neben Gemälden werden auch Installationen gezeigt: So sieht eine Station aus wie ein värmländischer Nadelwald, Fridhemsplan dagegen stellt mit

Kachelbildern das Leben von Carl von Linné nach. Västra Skogen zeigt seinerseits 18 Meter hohe Menschenprofile aus Terrazzo, während Bergarmossen mit einer Komposition aus beleuchtetem Glas in den Farben des Regenbogens überrascht. In Aspudden ziert die Bronzeskulptur eines einsamen Pinguins den Bahnsteig, Näckrosen versinnbildlicht mit Malereien und in das Gewölbe eingelassenen Steinen einen riesigen Lilienteich.

Der Höhepunkt einer Reise durch den Untergrund erwartet den Fahrgast im Bahnhof Sollna: Hier führt uns eine riesige rote Landschaft mit grünen Wäldern eindrucksvoll die sensible Thematik der Umweltzerstörung in Schweden vor Augen.

Die kunstvoll ausgestaltete Station T-Centralen präsentiert dem Besucher eine phantasievolle Eisgrotte.

BESUCH IM WASA-MUSEUM

Das Wasa-Museum ist eines der beeindruckendsten Museen Schwedens. Es wurde 1990 an der Stelle eröffnet, wo man die Wasa zuvor im Trockendock jahrelang restauriert hat. Dieses Schiff war zu seiner Zeit mit einer Länge von 69 Metern, einer Großmasthöhe von 52 Metern und einer Segelfläche von 1275 Quadratmetern das größte Kriegsschiff der Welt. Diesem ganzen Stolz der schwedischen Marine war jedoch nur kurzer Ruhm beschert: Bei seiner ersten Fahrt am 10. August 1628 sank das Schiff bereits nach 1300 Metern Segelstrecke inmitten des Stockholmer Hafens. Alle Segel, Fahnen und jegliches Inventar gingen verloren. Im Jahr 1956 machte der Privatforscher Anders Franzén die Unglücksstelle ausfindig und begann fünf Jahre später mit der Bergung des Wracks. Weil es in der salzarmen Ostsee keine Schiffswürmer gibt, war das Schiff relativ gut erhalten. Zusammen mit dem Rumpf barg man 14 000 Einzelteile, die mühevoll sortiert und an Ort und Stelle wieder angebracht wurden. Das hervorragend arrangierte Museum zeigt heute eindrucksvoll das Leben im damaligen Stockholm. Der Besucher sollte sich am Beginn des Rundganges den interessanten Film nicht entgehen lassen, der die schwierige Bergung des Wracks dokumentiert.

KÖNIGLICHES DROTTNINGHOLM

Vier Kilometer westlich des Brommaplan, auf der Insel Lovön direkt am Mälarsee, erstrahlt das Schloss Drottningholm. Es stammt aus der schwedischen Großmachtzeit und dient seit 1982 der Königsfamilie als Residenz. Hedwig Eleonora gab Nicodemus Tessin dem Älteren 1662 den Auftrag, diesen Bau nach französisch-holländischem Vorbild zu errichten. Nicodemus Tessin der Jüngere zeichnet zusammen mit namhaften Künstlern und Bildhauern wie Burchardt Precht für die Inneneinrichtung verantwortlich. Zu den prunkvollsten

Prunkstück des Wasa-Museums ist dieses für Gustav II. Adolf 1627/28 erbaute 69 Meter lange Originalschiff.

Das Schloss Drottningholm gehört seit 1983 zum Weltkulturerbe der UNESCO.

Räumen gehört das Schlafgemach Hedwig Eleonoras. Zeitgleich mit dem Gebäude entstand der Park. Seine Architektur kombiniert Elemente des französischen Barocks und der englischen Romantik. Hier finden sich zudem viele Terrassen und weitläufige Lindenalleen. Im 18. Jahrhundert kamen die Schlossflügel und neue Räume im Rokoko hinzu, darunter die sehenswerte Bibliothek, die Königin Luise Ulrike in Auftrag gegeben hatte.

Unmittelbar neben dem Schloss befindet sich das Schlosstheater Drottningholms Slottsteatern, das 1766 eingeweiht wurde. Jeden Sommer werden hier Ballett- und Opernaufführungen dargeboten, die jedoch meist schon im Spätwinter ausverkauft sind.

Zur Gesamtanlage gehört zudem das Kina Slott, ein Lustschlösschen mit zahlreichen chinesischen Elementen. Die Schlossanlage, die übrigens von Stockholm am bequemsten mit den Ausflugsbooten aus zu erreichen ist, wurde von der UNESCO als Weltkulturerbe ausgewiesen.

DER ÖSTLICHE SCHÄRENGARTEN

Das Meer! Das Meer! Der Wind bläst landeinwärts, die Wellen entern die Klippen, werden zurückgeworfen und beginnen ihr Spiel von neuem.« So schrieb August Strindberg 1883 über den Schärengarten östlich von Stockholm, der in der Tat eine der eigentümlichsten und faszinierendsten Landschaften des Nordens ist. Dieses Labyrinth aus 24000 kleinen und größeren Granitinseln, die ein Gewirr aus Sunden und Meeresstraßen durchbricht, reicht von Slussen im Stadtzentrum bis zur Ostsee. Die zahllosen Klippen und Holme sind ein Sommertraum aus Wasser und Fels, ein Eldorado für Segler und Wasserratten. An sonnigen Augusttagen füllt eine wahre Armada von Booten die tiefblauen Kanäle zwischen den Schären. »Die Stockholmer wohnen in der Stadt, aber sie leben in ihren Schären«, lautet daher ein treffendes Sprichwort. Auf manchen Inseln sind mondäne Schärendörfer und Badeorte mit exklusiven Hotels entstanden, es wurden aber auch einige Schutzgebiete für die Vogelwelt ausgewiesen.

Von Slussen legen die Boote zur Fahrt durch den Schärengarten ab und haben unter anderem Vaxholm zum Ziel, einen der lohnendsten Schärenorte. Der Ort veranstaltet jedes Jahr

Ein typisches »Skärgården-Motiv« zwischen Växholm und Bogesund.

mehrere Bootswettbewerbe. Die malerische Holzstadt auf der gleichnamigen Insel steht im lebhaften Kontrast zur mächtigen Festung, die 1548 unter Gustav Wasa begonnen und erst 1863 fertig gestellt wurde. Diese ragt auf einer kleinen Insel vor dem Ortszentrum aus dem Meer – sie sollte einst die Zufahrt der Boote in Richtung Stockholm überwachen. Von Juni bis August kann man mit Booten zur Festung fahren und auch das Festungsmuseum besichtigen, das zeigt, wie sich die Verteidigungsanlagen innerhalb des Schärengartens entwickelten.

Im nördlichen Schärengarten, nahe bei der Küste, liegt die Insel Ängsö, auf der 1909 einer der ältesten schwedischen Nationalparks eingerichtet wurde. Dieser bewahrt eine alte Kulturlandschaft, die im Frühsommer mit einer farbenfrohen Blütenpracht aufwartet. Das 190 Hektar große Schutzgebiet können Besucher von Juni bis Mitte August mit privat organisierten Wassertaxis anfahren.

Die kleine Insel Grinda im äußeren Schärengarten gilt als das Badeparadies der Stockholmer. Grinda besitzt neben Stränden ein kleines Hotel, ein Restaurant und eine Jugendherberge.

Die äußerste Landspitze auf dem Weg nach Finnland nimmt der romantische Hafenort Sandhamn ein. Er ist eines der meistbesuchten Ziele im äußersten Schärengarten. Hier wurde übrigens um 1900 der Königlich Schwedische Jachtclub gegründet. Die feinen Sandstrände, die dicht aneinander gedrängten Holzhäuschen, aber auch das alte Zollhaus und das hölzerne, weiß getünchte Wirtshaus Sandhamns Värdshus aus dem Jahr 1672 machen das Flair dieser Schäre aus.

DER MÄLARSEE – DIE WIEGE DER NATION

Der Mälarsee bildet zusammen mit dem Großraum Stockholm eine der geschichtsträchtigsten Regionen Schwedens: Er bietet zahlreiche kulturelle Sehenswürdigkeiten und Schlösser. Zudem begeistert uns hier die Umgebung mit einer Mischung aus lieblicher Kulturlandschaft, ausgedehnten Wiesen und Weiden, glänzenden Küsten und bewaldeten Inseln.

Täglich fahren dutzende Ausflugsboote durch die engen Wasserstraßen, um die lohnenden Ziele Birka, Mariefred, Skokloster oder Sigtuna anzulaufen. Jede Fahrt bietet die Möglichkeit, die beeindruckende Landschaft aus nächster Nähe zu erleben.

Etwa zwei Schiffsstunden von Stockholm entfernt liegt die Insel Björkö. Vor mehr als 1200 Jahren begann hier das schwedische Reich. Der historische Handelsplatz ist die erste nachweisbare Siedlung Schwedens und gleichzeitig ein einzigartiges Zeugnis für die weitreichenden Handelsbeziehungen, die schon während der Wikingerzeit bestanden. Aus diesem Grund nahm die UNESCO Birka 1993 in die Liste des Weltkulturerbes auf.

Im Jahr 760 ließ ein Wikingerkönig hier einen Stützpunkt bauen, um den Handel zur Ostsee besser kontrollieren zu können. Im Mälarsee trafen nämlich die wichtigsten Handelsrouten aus dem Süden und dem Ostseeraum aufeinander, gleichzeitig lieferte die Region wichtige Rohstoffe.

In der Mitte des neunten Jahrhunderts reichten die Handelsbeziehungen bis nach Russland und ins Baltikum. In dieser Blütezeit lebten etwa 700 Menschen auf der Insel, vor allem in den kleinen, dicht gedrängten Häuschen

Birka kann man heute auf gemütlichen Spazierwegen erkunden.

der Siedlung Birka. So entstand die erste städtische Kultur im Mälargebiet, die gleichzeitig das Wirtschaftsleben der gesamten Region prägte.

Birka war 829 auch Ziel der ersten christlichen Missionare. So kam der Benediktinermönch Ansgar im Auftrag Kaiser Ludwigs des Frommen hierher. Gegen Ende des ersten Jahrtausends wurde Birka aus bis heute ungeklärten Gründen aufgegeben, das städtische und kulturelle Zentrum wurde etwa 30 Kilometer nördlich nach Sigtuna verlegt.

Heute kann man die Überreste Birkas auf gemütlichen Spazierwegen erleben, die am Birka-Museum nahe des Anlegestegs der Boote beginnen. Gleich hinter dem Museum beginnt das Areal, das einst den Hafen umfasste. Auf dem Hügel hinter der Bucht lag früher die Burg. Heute ziert das Steinkreuz von 1834, das an die Ankunft Ansgars erinnert, die höchste Stelle der Insel. Im Norden schließt ein Grabfeld an, das wohl der deutlichste Beweis ist, dass die Stadt schon zur Wikingerzeit bestand. Mehr als 3000 Gräber sind erhalten – sie bargen reiche Funde, die uns über das Leben in Birka Auskunft geben. Die Rundwege durch die liebliche Kulturlandschaft passieren südöstlich des Burghügels die aus rötlichem Sandstein erbaute Ansgarkapelle, die ebenfalls an den Mönch erinnert.

Sigtuna ist sowohl mit dem Boot als auch auf dem Landweg zu erreichen. Vor allem die Kirchenruinen und das historische Rathaus des verträumten Städtchens locken die Besucher an. Diese älteste Stadt Schwedens hatte Erik Segersäll im Jahr 980 als Gegenpol zum heidnischen Zentrum von Gamla Uppsala gegründet. Eriks Sohn, Olof

Das Schloss Skokloster liegt auf einer Halbinsel zwischen Sigtuna und Uppsala.

Skötkonung, ließ hier 995 die erste Münze prägen, die Archäologen bei umfangreichen Grabungen fanden.

Im Sommer präsentiert sich Sigtuna heute als lebhaftes, freundliches Städtchen mit malerischen Holzhäusern, romantischen Cafés und einladenden Kunsthandwerksstätten.

Am Nordufer des Mälaren finden sich zahlreiche Schlösser wie Rosersberg, Ängsö, Tidö oder Skokloster. Skokloster, etwa 20 Kilometer nordwestlich von Sigtuna gelegen, ist eines der bedeutendsten Barockschlösser der Welt und besticht durch seinen monumentalen Baustil, der für die Wasaschlösser typisch ist. Es ist ebenfalls von Stockholm aus über das Seensystem des Mälaren mit dem Boot zu erreichen. Umgeben von einer herrlichen Parklandschaft mit stetem Blick auf den See Ekoln, symbolisiert der helle, mächtige Bau seit 1676 die schwedische Großmacht.

16 Kilometer südlich von Västerås liegt auf einer Landzunge im Mälaren ebenso malerisch das Schloss Tidö. Dieses von Axel Oxenstierna in Auftrag gegebene Bauwerk ist das am besten erhaltene Mälarschloss aus dem 17. Jahrhundert. Im Inneren sind die Repräsentationsräume, die Schlosskapelle und ein Wagen- und Spielzeugmuseum besichtigen.

Am Südufer des Mälaren nimmt das idyllische Mariefred für sich in Anspruch, eine der besten Adressen der Besucher zu sein. Das aus dem Pax mariae der Kartäusermönche hervorgegangene Städtchen lockt seine Gäste mit dem berühmten Wasaschloss Gripsholm, eine der am besten erhaltenen Burganlagen der Wasakönige. Das Äußere erinnert ein wenig an die Wasserburgen in Skåne. Die Ursprünge dieser reizvoll auf einer Halbinsel gelegenen Festung reichen ins 14. Jahrhundert zurück, ehe es Gustav Wasa 1537 zur heutigen Erscheinung mit vier Türmen und Innenhof umbaute.

Gripsholm blickt auf eine bewegte Vergangenheit zurück: 1547 verkündete Gustav Wasa hier die Erbmonarchie, König Erik XIV. hielt in diesen Mauern seinen Bruder bis 1569 gefangen und wurde anschließend selbst eingekerkert. Königin Kristina bereitete 1654 ihre Flucht vor den Protestanten nach Rom vor. Ab 1740 lenkte Prinzessin Lovisa Ulrika die Geschicke des Schlosses. Sie begann 1744 eine Porträtsammlung, die heute die bedeutendste in Schweden ist.

Unter der schönsten Eiche Mariefreds liegt Kurt Tucholsky begraben, der um 1930 den Roman »Schloß Gripsholm« schrieb und sich hier 1935 das Leben nahm. Auf seinem Grabstein ist der Sinnspruch »Alles Vergängliche ist nur ein Gleichnis« zu lesen. Gripsholm lässt sich im Sommer von Stockholm aus mit dem alten, von 1903 stammenden Dampfer S/S Mariefred erreichen – eine wirklich romantische Bootsfahrt.

UPPSALA – DAS GEISTIGE ZENTRUM SCHWEDENS

Noch vor 3000 Jahren bedeckte die Bottnische See die Ebene rund um Uppsala. Im Zuge der Landhebung entstand hier fruchtbares Ackerland, das dem Königreich eine tragfähige Basis gab. 1258 wurde in Gamla Uppsala ein Bischofssitz gegründet. Das sagenumwobene Alt-Uppsala war bereits im sechsten Jahrhundert ein bedeutender Kultplatz. Für die heidnischen Svear-Könige der Wendelzeit – Aun, Egill und Adils – errichtete man hier Grabhügel, die heute innerhalb der historischen Anlage mit dem neu errichteten Museum zu besichtigen sind. Erst nachdem der Bischofssitz aus Sigtuna hierher verlegt wurde, entwickelte sich Uppsala zum geistigen Zentrum des Landes. 1286 tauchte erstmals der Name Uppsala auf. Die akademische Laufbahn begann 1477 mit der Gründung der ältesten Universität Schwedens durch Erzbischof Jakob Ulvsson. Internationalen Ruf erlangte sie erst im 18. Jahrhundert, als Größen der Wissenschaft wie Celsius oder Linné hier lehrten.

Heute präsentiert sich diese prächtige Stadt lebhaft mit Straßencafés, großzügigen Grünanlagen und verlockenden Einkaufsmeilen. Der Dom zu Uppsala – Skandinaviens größtes Gotteshaus – ist die herausragendste Se-

Die Treppenhalle der Universität von Uppsala wurde im klassizistischen Stil erbaut.

henswürdigkeit der Stadt und gleichzeitig das religiöse Zentrum des Landes. 1260 begannen französische Baumeister und Steinmetze aus Gotland mit dem Bau. Erst 1435 wurde das im Stil der Hochgotik gehaltene Gotteshaus fertig gestellt und eingeweiht. Durch das Westportal und die Vorhalle gelangt man in das 107 Meter lange und von 28 Säulen getragene Hauptschiff. Von Anfang an pilgerten Gläubige aus ganz Schweden zum goldenen Reliquienschrein des heiligen Erik. Mehr als 13 000 Quadratmeter Kirchenmalereien schmücken das Innere zusammen mit tausenden Bildern, Wandtextilien und in Stein gehauenen Symbolen. Der Dom war über Jahrhunderte Schauplatz prachtvoller Krönungszeremonien. Unter dem 27 Meter hohen Krönungsgewölbe legten die meisten schwedischen Könige bis 1719 den Throneid ab.

Das mächtige rote Schloss bezeugt die teils dramatischen Ereignisse der Wasazeit – blutrünstige Morde, aber auch Königskrönungen. Der imposante Bau, der zusammen mit dem Dom das Stadtbild dominiert, wurde um 1540 unter Gustav Wasa begonnen. Der Standort auf dem aussichtsreichen Hügel gegenüber dem Dom sollte bewusst die Vorherrschaft der weltlichen Monarchie gegenüber der katholischen Kirche ausdrücken.

Im Jahr 1757 erhielt die Anlage mit den mächtigen Rundtürmen ihre heutige Form. Im Inneren befinden sich der Reichssaal, das städtische Kunstmuseum, die Universitäts-Kunstsammlung sowie historische Gewölbe mit einem Wachsfigurenkabinett.

Die Universität Uppsala prägt das Bild der Stadt seit mehr als 500 Jahren.

Das idyllische Wohnhaus Carl von Linnés liegt in Hammarby.

Dieses ehrwürdige Institut brachte im Laufe der Zeit viele Forscher und namhafte Wissenschaftler wie den Botaniker und Begründer der Pflanzensystematik Carl von Linné, den Astronomen Anders Celsius oder das Universalgenie Olof Rudbeck hervor.

Das heutige Hauptgebäude wurde 1887 im pompösen Stil der Neurenaissance errichtet und beherbergt Aula, Hörsäle und Direktionsräume. Heute sind die Fakultäten längst über die ganze Stadt verstreut – man kämpft wie überall gegen die Raumnot.

Im Kanzlersaal steht der berühmte Schrank, den Gustav II. Adolf im Dreißigjährigen Krieg von der Stadt Augsburg geschenkt bekam. Gegenüber der Turmseite des Doms, unterhalb des Hauptgebäudes der Universität, befindet sich das Gustavianum, das über 200 Jahre lang das Hauptgebäude der Universität war. Die merkwürdige Kuppel mit der imposanten Sonnenuhr konstruierte Olof Rudbeck, der Entdecker der Lymphgefäße, im Jahr 1663.

DAS ERBE DES BLUMENKÖNIGS

Ein kleines rotes Anwesen in Uppland bildete einst den Mittelpunkt der botanischen Forschung. Linnés Hammarby, wo der 1707 in Uppsala geborene Naturforscher Carl von Linné von 1757 bis zu seinem Tod 1778 lebte, lehrte und arbeitete, ist im Originalzustand erhalten. Auch der kleine quadratische Pavillon auf der Anhöhe hinter dem Haus wirkt von innen, als hätte Linné ihn eben erst verlassen. In der Mitte steht sein originell geformter Lehrstuhl, das hölzerne Pferd oder »Plugghästen«, davor hängt das Modell eines drei Meter langen Fisches. Rundherum an den Wänden stehen die Herbarschränke mit den zahlreichen Schubladen. Hier bewahrte er auch sein weltberühmtes Herbarium auf, das nach London verkauft wurde.

Linné war Professor der Botanik in Uppsala und später auch Vorsitzender der Akademie der Wissenschaften.

Lächelnder Süden und Osten

Die Kornkammer des »Dreikronenreichs« hat einiges zu bieten: Schlösser, mondäne Städte, das eigenwillige Gotland oder das traditionelle Glasreich. Schonen ist auch die Heimat von Kommissar Wallander, hier beginnt Nils Holgersson seine Reise auf dem Rücken der Wildgänse.

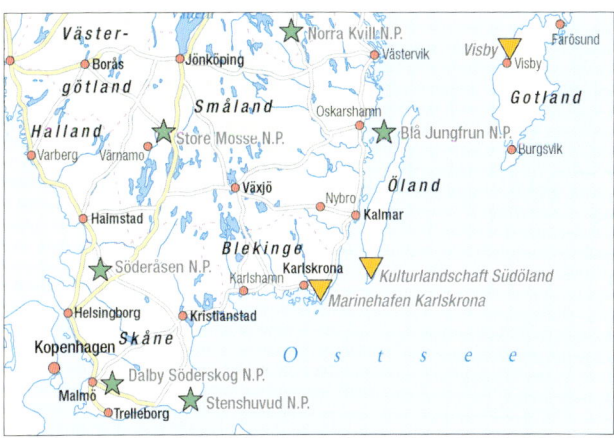

Weite, sanfte Kulturlandschaften und natürlich die typischen roten Holzhäuschen prägen den Süden und Osten Schwedens.

Schonen ist anders

Südschweden umfasst die drei Provinzen Skåne, Halland und Blekinge. Skåne oder Schonen ist die südlichste der 25 schwedischen »Landschaften« und gilt als die Kornkammer des Landes. Ausgedehnte Wiesen und Felder mit kleinen Waldgebieten bestimmen das Landschaftsbild Südschwedens, das damit stark an das benachbarte Dänemark erinnert. Auch zahlreiche Kirchen sind hier im dänischen Stil erbaut. Die urbanen Zentren wie Malmö und Helsingborg gelten seit jeher als Tor zum europäischen Festland. Ortsnamen wie Karlstad lassen erkennen, dass Skåne zusammen mit Blekinge und Halland bis 1658 zu Dänemark gehörte. Ganz anders sieht es im nordöstlichen Småland aus: Hier bilden klare, fischreiche Flüsse, einsame Seen und weitläufige Wälder Landschaften, die das Herz jedes Abenteurers höher schlagen lassen.

Kulturelle Höhepunkte im Süden

Obwohl Malmö das industrielle und verkehrstechnische Zentrum Südschwedens bildet, blieb seine Innenstadt eher kleinstädtisch. Malmö bietet wirklich eine interessante Mischung: An manchen Stellen könnte man meinen, in England zu sein, nicht in Schweden.

Zahlreiche Kanäle durchziehen den Stadtkern und seine Parks, am alten Marktplatz sind Fachwerkbauten zu bewundern. Das Stadthaus und die St. Petri Kyrka erinnern zudem an die Bauwerke der Stadt Lübeck. Malmö ist seit dem 13. Jahrhundert eine blühende Hafen- und Handelsstadt. Die günstige Lage an der Meerenge zwischen Dänemark und Schweden (die Fähre benötigt nur 45 Minuten in die dänische Hauptstadt) prädestinierte die Stadt für den Handel mit der Hanse. Reiche Heringsgründe an der Küste tragen ebenfalls zum Wohlstand bei.

Am Schnittpunkt zwischen Dänemark und Schweden gelegen, wechselte Malmö öfters die Landesfahnen und stand zeitweilig auch stark unter deutschem Einfluss. Besonders die Fährverbindungen zum europäischen Festland und Dänemark bewirkten einen Aufschwung, der noch heute das wirtschaftliche Leben der Stadt prägt.

Malmöhus ist der älteste Bau von Malmö, das ganz im Süden des Landes liegt.

Ein Blick über den Bahnhof verrät Malmös Lage als Handelsplatz am Rande Europas: Die Züge fahren nach Deutschland, Frankreich, England, über den Gleisen ragen die riesigen Lastenkräne des nahen Hafens in den Himmel. In der Luft hängen Ankunft oder Abschied, man spürt, dass hier Urlaubsträume beginnen und enden.

Schnell gehen wir noch zum nahen Lilla Torget oder Stortorget, um das internationale Treiben zu verfolgen. An Sehenswürdigkeiten hat Malmö nicht allzu viel zu bieten, es ist mehr die ausgelassene, oft urgemütliche Atmosphäre, die uns Besucher anzieht. Diese ist vor allem in den Innenhöfen des Kleinen Platzes zu spüren: Galerien und Geschäfte, die allerlei Nützliches und Tand feilbieten, säumen dieses 1591 entstandene Areal.

Die bemerkenswertesten Baudenkmäler der Stadt sind das Rathaus und die Kirche am Stortorget. Die Fassade des ehrwürdigen Stadthauses zeigt Symbole aller Erwerbszweige Malmös: Handel, Ackerbau und Schifffahrt. Inmitten des Stortorget erhebt sich die Statue Karl X. Gustavs – sie erinnert an den Friedensvertrag, der Malmö endgültig schwedisch werden ließ. Dahinter ragt der grüne, spitze Turm der St.-Petri-Kirche auf, die vom starken deutschen Einfluss im 13. und 14. Jahrhundert zeugt.

Nicht weit von Malmö liegt Lund, das einen sehenswertem Dom beherbergt und eine der traditionsreichsten Hochschulstädte des Landes ist. Auch seine alten, verwinkelten und kopfsteingepflasterten Gässchen lassen den Besucher glauben, in England zu sein. Lund, die einstige Hauptstadt, blickt auf eine fast 1000-jährige Geschichte zurück. Der Dänenkönig Sven Gabelbart hatte den Ort bereits 990 gegründet. 1020 erhielt er das Münzrecht und avancierte zu einer der bedeutendsten Städte des Mittelalters. Als Bischofssitz übernahm Lund ab dem 12. Jahrhundert auch die Rolle als geistiges Zentrum Schwedens.

Dieser Aufschwung endete erst 1536 mit der Reformation. Zu diesem Zeitpunkt besaß Lund nicht weniger als 27 Kirchen und acht Klöster, die 1538 fast ausnahmslos abgerissen wurden. In der Folge des Friedens von Roskilde wurde 1666 die Universität gegründet, was der Stadt eine neue Perspektive für die Zukunft gab.

Heute zählt Lund zu den beliebtesten Studentenstädten Schwedens, wenn nicht Europas. Im Stadtzentrum locken zahlreiche Kneipen und »In-Lokale« die mehr als 20 000 Studenten an. Ansonsten präsentiert sich Lund eher als verschlafene Kleinstadt, deren imposante Prunkbauten beinahe wie Fremdkörper wirken.

Vom wenig schmucken Stor Torget führt uns die Kyrkogatan direkt zum Dom, der bedeutendsten Sehenswürdigkeit der Kleinstadt. Die Anfänge dieses mächtigen Sakralbaus reichen

Der Dom zu Lund ist einer der wertvollsten Sakralbauten Schwedens, hier sind Altarbild und Chorgestühl zu sehen.

bis in das Jahr 1104 zurück, als Südschweden vom Erzbistum Hamburg-Bremen gelöst wurde und seinen eigenen Erzbischof bekam. Die Kirche entstand damals im romanischen Stil mit dreischiffigem Innenraum und Krypta. Am 1. September 1145 weihte Erzbischof Eskil den Hochaltar zu Ehren der Jungfrau Maria und des Märtyrers St. Laurentius ein. Der farbenprächtige Sandstein der Mauern stammte aus dem 40 Kilometer entfernten Höör.

Zwischen 1868 und 1890 wurde der Dom unter Leitung des berühmten Architekten Helgo Zettervall umfassend restauriert. Er baute vor allem die Westfassade und die Türme um und gab dem Bauwerk sein heutiges Gesicht. Die Apsis repräsentiert die monumentale Architektur des Gotteshauses wohl am vollkommensten. Von ihrem massiven Sockel erhebt sich eine Arkade, deren Halbkolonnen und Doppelbögen sich an die Mauern stützen. Im nächsten Stockwerk durchbrechen Fensteröffnungen die Mauern und die Arkadenböden werden von Säulen getragen.

Das Mosaik des Gewölbes stellt die Wiederkehr Christi dar. Es stammt vom dänischen Künstler Joakim Skovgaard. Links des Hauptportals prangt die weltberühmte astronomische Uhr, Horologium mirabile Lundense, die 1380 gebaut wurde. Sie zeigt das Weltbild der Antike, stellt sie doch die Erde ins Zentrum des Universums.

Nördlich des Doms schließt sich der Stadtpark Lundagård mit dem alten Universitätsgelände an. Das Kungshuset am östlichen Ende diente dem dänischen König Frederik II. als Residenz und ging später in den Besitz der Uni

Das alte Universitätsgebäude von Lund präsentiert sich in voller Pracht.

versität über. Am Tegnérplatsen östlich des Parks steht das Kulturen, das Kulturhistorische Museum Lunds, zu dem ein großes Freilichtmuseum gehört. Neben all den Prunkbauten lohnt aber auch ein Rundgang durch die romantischen Gassen der Altstadt, die vom Domareal zum Botanischen Garten führen. »Botan« war übrigens der Erste seiner Art in Nordeuropa und beherbergt 7000 Gewächse aus aller Welt.

DIE HEIMAT WALLANDERS

Skåne oder Schonen hat sehr viel Ähnlichkeit mit dem benachbarten Dänemark. Auch heute noch beschreiben es die meisten Schweden als »anders«. Sie teilen die Ansicht, die einst Hofmarschall Rudolf Stjernsvärd äußerte: »An Schweden befestigt ist ein kleines Stück Erde, das man Schonen nennt und das dazu dient, dem Schweden zu zeigen, wie das übrige Europa aussieht.« Nils Holgersson sah hier auf seinem wunderbaren Flug grüne, gelbbraune, farbige Flächen – also Wiesen, Ackerland, Buchenwälder und große Bauernhöfe. Wenn man es positiv formulieren will, so sagt man: Schonen ist der sympathische Auftakt zu Schweden, ein Aperitif, der Appetit auf mehr macht, aber durchaus auch allein genossen werden kann.

Man erkennt gleich, dass Schonen früher kulturell und heute noch geografisch viel mit den südlichen Nachbarländern Dänemark und Deutschland gemein hat. Nicht nur der hier ebenso fruchtbare Boden, auch die freundliche, offene Landschaft erinnert kaum an den rauen und einsamen Norden. Der wohl schönste Teil liegt im Südosten zwischen dem Nationalpark Stenshuvud und dem kleinen Fischerdörfchen Kåseberga. Der Ort ist

Die stillen, weitläufigen Landstriche Schonens erinnern uns noch stark an die Landschaften des nahen Dänemark.

übrigens ein kulinarischer Geheimtipp für alle Liebhaber von Räucheraal und Fisch. »Nenne es das Reich der Engel« – so beschrieb Evert Taube diese Landschaft. In der Tat ist Schonen ein märchenhaft schöner Landstrich mit wogenden Äckern und hügeligen Wiesen, meilenweiten Stränden, idyllischen Fischerdörfern und mittelalterlichen Städten.

Stets gegenwärtig sind die geradezu mystischen Zeugnisse der Vergangenheit, die viele tausend Jahre kultureller Tradition widerspiegeln. Besuchen wir zum Beispiel Ales Stenar, das nahe Kåseberga liegt. Auf einem grasbewachsenen Hügel oberhalb der Küste finden wir ein Schiff aus der Wikingerzeit, das etwa 1200 Jahre zählt. Dieses eindrucksvolle Schiff ist das größte in ganz Schweden. Ales Stenar war auch

ein bedeutender Kultplatz: Der Südwestwind umweht hier 57 dicht gedrängte Monolithen, die ein Königsgrab markieren. Die Menschen des Mittelalters priesen hier ihre Götter und hielten Gericht.

Skånes historisches Erbe sind seine Schlösser und Landsitze, wie zum Beispiel das Wasserschloss von Vittskövle mit seinem romantischem Park und dem Ringgraben. Auch Christinehov, Bäckaskog, Wanas oder Kärnan gleichen Freilichtmuseen des feudalen Lebens im 17. und 18. Jahrhundert. Natürlich beginnt auch Nils Holgersson seine Rundreise durch Schweden in Skåne. Und das mit gutem Grund: Hier befindet sich der ideale Ausgangspunkt für eine Reise durch ein Land, das sich über 1581 Kilometer in den hohen Norden erstreckt.

Die Rede ist von dem kleinen Hafen Smygehuk nahe Trelleborg, der den südlichsten Landpunkt Schwedens markiert. Stolz prangt im Hafen ein Schild, das den Breitengrad Smygehuks angibt: 55 Grad 20 Minuten 2 Sekunden nördlicher Länge. Ganz wie am Nordkap oder Polarkreis dürfen auch hier die Entfernungen wichtiger europäischer Städte nicht fehlen: London 989 Kilometer, Paris 1049 Kilometer, Moskau 1489 Kilometer.

Eine Romanfigur namens Kurt Wallander machte Skåne in jüngster Vergangenheit weit über die Grenzen Schwedens bekannt. Der Autor Henning Mankell schuf mit diesem eher farblosen Kommissar einen schwedischen Columbo. Der Held stammt aus Ystad, einem kleinen Örtchen an der Südküste Schwedens. Mankell ließ die

Stadt und Schauplätze in der Umgebung zum Beispiel in sein Buch »Der Mann, der lächelte« einfließen und verhalf dem verschlafenen Ystad zu einer touristischen Attraktion: Hier gibt es »Touren auf den Spuren des Kommissars«, die sich ebenso wie die Romane selbst großer Beliebtheit erfreuen.

Wandeln also auch wir ein wenig auf den Spuren des Kommissars: Wallander arbeitet für die Ystader Polizei. Er selbst wohnt auf der Mariagatan. Im Roman »Mörder ohne Gesicht« ist vom Österleden zu lesen, einer Straße östlich von Ystad, wo Wallander verdächtige Personen aufsucht. Am Österleden nahe der Garnison befinden sich auch die Villen, in denen der Anwalt Gustav Torstensson aus »Der Mann, der lächelte« wohnt. In »Mittsommermord« spielt das Haus des pensionierten Bankdirektors Bror Sundelius in der Vädergränd eine Rolle, während in »Die weiße Löwin« die Buchhandlung am Stortorget und ein Immobilienbüro auf der Hamngatan als Romanschauplätze dienen.

Henning Mankell hat sich Skåne als Schauplatz ausgesucht, weil er hier eine besondere Intensität und eine eigene Dynamik vorfindet. Seine Vorliebe für Schonen rührt daher, dass es so gegensätzlich zu seiner eigenen Heimat in Härjedalen ist. Dessen so oft verschneite Bergtäler tauschte er mit einem weiten, vom Meer umspülten Land. »Doch die Landschaft ist«, wie er schreibt, »durch Geografie allein nicht zu erfassen. Stets ist ein inneres Schattenbild gegenwärtig.« So schuf er Romane, in denen sich typisch schwedische Elemente mit einer Hauptfigur vereinen, die nicht einmal in Ansätzen einem Schweden entspricht.

IM GLASREICH

Wie die Dünungen des Meeres, wie die sanft geschwungene südschwedische Landschaft, wie Wellen, die ihre gläsernen Träume gegen den Strand spülen – so präsentieren sich die Objekte, welche die Handwerker in den Glashütten des schwedischen Glasreiches hervorbringen. Sie sind echte Künstler, die blaue, goldene und grüne Farbnuancen in die Glasmasse zaubern und grazile Gebilde und herausfordernde Formen schaffen. Die Region westlich von Kalmar, in der seenreichen Waldlandschaft zwischen Växjö und Nybro, beherbergt 16 Hütten, was ihr den Beinamen »Glasreich – glasriket« einbrachte. Die Glasgegend bildet ein Dreieck, das von Nybro über Växjo bis Lindshammar reicht, wo eine der bekanntesten Glashütten zu Hause ist. Diese Kunst hat hier eine lange Tradition: Gustav Wasa ließ im 16. Jahrhundert Glasbläser aus Venetien nach Schweden kommen, die hier ihre unnachahmliche Kunst lehren sollten. Schon bald entstanden erste Betriebe in Nybro, Boda, Orrefors oder Bergdala, bis es im 19. Jahrhundert mehr als 200 Glashütten gab.

Heute beheimatet das Glasreich 15 Hütten oder bruks, von denen jede ihren charakteristischen, eigentümlichen Stil entwickelt hat: Blätter und Stängel zieren die Vasen der Johansfors bruk, feingliedrige Fische in allen Farben des Regenbogens prangen auf den Werken von Nybro, Glas in zeitlosem Design kommt aus Skruf, klare Linien mit unauffälligem Dekor verraten die Objekte aus Pukeberg und Orrefors lassen Tradition und Moderne zu lustvollen und farbenfrohen Formen verschmelzen.

Die älteste noch erhaltene Glashütte Schwedens ist Kosta Boda, die 1742 gegründet wurde. Während der Sommermonate bieten einige Betriebe ihren

Moderne und traditionelle Glaskunst »Made in Sweden« entsteht im Glasreich.

Besuchern die Möglichkeit, die Fabrikhallen zu besuchen und die Glasbläser bei ihrer kunstfertigen, doch schweißtreibenden Arbeit hautnah zu beobachten. In den vielen Glashütten angeschlossenen Museen werden historische Objekte und zahlreiche andere Kunstwerke ausgestellt, während die Fabrikläden die Kostbarkeiten zum Kauf anbieten.

In der ehemaligen Residenzstadt Växjö, dem städtischen Zentrum des Glasreiches, befindet sich Europas größtes Glasmuseum, das eine einzigartige Sammlung zu diesem traditionsreichen Handwerk präsentiert. Das Museum hält auch eine höchst kuriose Tradition lebendig: das »Glaseringsessen«. Früher brachten die Glasbläser als Verpflegung einen rohen Hering mit, den sie im Glasofen grillten. Der »hyttsill« wurde aber auch bei Gesellschaftsabenden oder Feiern verzehrt – der Glashütte kam also auch eine wichtige Rolle im sozialen Leben zu. In den

meisten Glashütten wird heute während der Sommermonate der »hyttsill-Abend« für Touristen angeboten.

GOTLAND, HANSE UND MITTELALTERFEST

Wer Schweden kennt und Gotland besucht, der bemerkt es sofort: Gotland ist einzigartig und unvergleichlich. Es ist nicht nur eine weitere Provinz oder eine Insel. »Ein Mann namens Tjelvar fand Gotland als Erster und brachte das Feuer auf die Insel, und danach versank es nie mehr ...« So heißt es in der Überlieferung der Gutasage aus dem 13. Jahrhundert. Bis heute hat sich an dieser sagenumwobenen Aura der Insel dank ihrer kargen, mystischen Landschaft und dem historischen Juwel Visby nichts geändert: Carl von Linné, der Gotland 1741 besuchte, notierte: »Die Stadt scheint ein

Modell von Rom selbst zu sein, ihre hohen Mauern von festem, behauenem Stein, ohne Zusatz von Ziegeln, ihre herrlichen Pfeiler und kunstvollen Gewölbe lenken unsere Gedanken auf ihre einstige Blüte.« Von der Wikingerzeit bis ins 13. Jahrhundert war die Insel das Zentrum des Ostseehandels und stand im Mittelpunkt der Hanse.

Die Blüte der Hansezeit bedingte eine Blüte der Insel, denn die Gotländer waren geschickte Seefahrer und Kaufleute. Die Gotländer gelangten so zu großem Reichtum, dem sie durch den Bau prachtvoller Kirchen Ausdruck verliehen. So sind hier heute 92 Landkirchen mit breiten Türmen und Giebeln zu besichtigen, während von den ursprünglich 16 Kirchen der Hauptstadt Visby leider nur mehr die Marienkirche übrigblieb.

Einen Wendepunkt in der Geschichte Gotlands markierte die Eroberung im Jahre 1361 durch den dänischen König Waldemar Atterdag. Damit war

Gotland ist anders: Eben, karg, geprägt von Windmühlen, den Landkirchen, strohgedeckten Höfen und der Hauptstadt Visby mit der alten, vollständig erhaltenen Stadtmauer.

der alten Vormachtstellung ein jähes Ende bereitet. 1525 gelangte ein Heer aus der Hansestadt Lübeck nach Gotland, das Visbys Macht als Beherrscherin der Ostsee brechen sollte. In den folgenden Jahrhunderten konnte die Insel nie mehr an ihre frühere Vorrangstellung anschließen. Es blieb nur die romantische Erinnerung zurück, die in den Kirchenruinen Visbys, in den historischen Schätzen, in der mystischen Landschaft und nicht zuletzt in den uralten Bräuchen wie dem Mittelalterfest lebendig bleibt.

In Visby gerät jeder Stadtrundgang zu einer lebendigen Geschichtsstunde. Schon die 44 Türme und Pforten der Stadtmauer, die seit dem Mittelalter vollständig erhalten blieben, wären ausreichend, um Visby in den Reigen der Weltkulturstätten aufzunehmen. Dazu gesellen sich zusätzlich die Zeugnisse der Hansezeit und der unverbaute Wallgraben, der von längst vergangenen Kriegen erzählt. Bauwerke mit

klingenden Namen wie Jungfrauenturm, Silverhätten, die Teerkocherei, das Snäckgärdstor, der Dalmansturm oder das auffällige niedergerissene Mauerstück der Lübecker Bresche, wo 1525 die Lübecker Soldaten eindrangen, geleiten den Besucher durch die Epochen.

Nord-, Süd- und Osttor waren einst die Haupteingänge zur Stadt. Tagsüber brachten die Kaufleute hier ihre Waren zum Markt, nachts wurden die schweren Holztüren geschlossen und von Wachmännern gesichert. Am südöstlichen Ende der Stadtmauer befinden sich heute die Reste der Burg von Visborg, die einst eine der Größten ihrer Art im Norden war. Doch ihre Steine wanderten in Kalköfen oder wurden zum Bau das Schlosses in Stockholm verwendet.

Alljährlich Anfang August scheint die Zeit in Visby stehen zu bleiben. Dann geht es auf zum »Medeltidsveckan« oder Mittelalterfest, einem

Karneval mitten im Sommer. Die Stadt verwandelt sich in dieser Zeit zur Bühne und die Bewohner und Besucher übernehmen die Rolle der Schausteller: Sie verkleiden sich als Ritter, Gaukler, Handwerksleute, Edelleute und Könige. Neben dem traditionellen Ritterspiel bietet das Mittelalterfest Theater- und Gesangsaufführungen, Märkte und mittelalterliche Schänken.

Auch Gotland ist von den Kräften der Natur geprägt. Dieser Landstrich ist »Schweden ganz anders«. Felsige Steilküsten, Geröllfelder, imposante Kalksteinformationen, weißer Sandstrand, blühende Weiden, einsame Wacholderheiden und vom Wind zerzauster Kiefernwald machen die vielfältige Landschaft Gotlands aus. Auf der im Norden gelegenen Insel Farö schuf die Natur ihre eigenen Skulpturen in Form der Kalksteinsäulen, Raukare genannt. Sie gehören zu den kühnsten Gebilden, die das Meer jemals aus den Küsten meißelte.

53

Die ganze Stadt wird zur Bühne und ihre Bewohner und Besucher spielen eifrig mit.

DIE PATIN VON BULLERBÜ – ASTRID LINDGREN

Zwei Schriftstellerinnen prägten die literarische Landschaft Schwedens im 20. Jahrhundert – Selma Lagerlöf und Astrid Lindgren. Beide verstanden es auf geradezu einzigartige Weise, schwedische Eigenheiten und Bräuche symbolartig in Kindergeschichten zu verpacken. Der Däumling Nils Holgersson, die freche Pippi Langstrumpf, die Kinder aus Bullerbü oder Michel aus Lönneberga wurden weltweit Helden – und das nicht nur für Kinder.

Astrid Lindgren, deren wohl berühmteste Schöpfung Pippi Langstrumpf war, wurde am 14. November 1907 im småländischen Vimmerby geboren. Sie nutzte die Landschaft ihrer Heimat als Schauplatz vieler ihrer Bücher. Dabei hatte alles ganz einfach begonnen: Ihrer kranken Tochter hatte sie Geschichten von einem Mädchen namens Pippi erzählt und ihr die Aufzeichnungen später zum Geburtstag geschenkt. Lindgrens erstes Buch war geschrieben. Ein renommierter Verlag griff zu und der Erfolg war nicht mehr aufzuhalten. Die Abenteuer des rothaarigen Mädchens zeigen, wie Kinder gegen die Welt der Erwachsenen rebellieren. Lindgren schrieb so eindringlich, dass sie die Sehnsucht der Kinder, Unkonventionelles und Unerlaubtes zu tun, nach Freundschaft und Geborgenheit stillen konnte.

In die Erzählungen »Wir Kinder aus Bullerbü« lässt Lindgren auch Erlebnisse aus ihrer eigenen Kindheit einfließen und beschreibt das ländliche Leben in Näs, der kleinen Ortschaft nahe Vimmerby, in der sie aufwuchs. Von den lustigen Streichen eines unverbesserlichen Lausbuben handeln die Geschichten »Michel aus Lönneberga«. Die Werke Astrid Lindgrens fordern aber keine Abkehr von der Wirklichkeit. Im Gegenteil – sie führt ihren Lesern eine Welt vor, in der sie lachen, weinen, träumen, aber auch leben können. Ihre Bücher vermitteln Wärme und Liebe, sie verzaubern uns, ohne dabei die dunklen Seiten wie Krankheit, Einsamkeit und Tod zu verleugnen. Ein einfaches Lebensrezept hielt sie für ihre Leser bereit:

Eine weitere Bühne des Landes sind die Schauplätze der Kinderbücher von Astrid Lindgren – hier Sevedstorp alias Bullerbü.

Der Götakanal verbindet Göteborg und Söderhamn. Er durchzieht als »Blaues Band« das gesamte Land.

»Weint, Kinder! Weint, so viel ihr könnt. Und lacht noch viel mehr.« 1978 erhielt Astrid Lindgren den Friedenspreis des deutschen Buchhandels. Sie starb am 28. Januar 2002 im Alter von 94 Jahren – ganz Schweden bereitete ihr einen feierlichen Abschied. Ihr Vermächtnis aber wird in ihren Büchern – und damit in den Herzen der Kinder – weiterleben.

SCHIFFSREISE IM SCHNECKENTEMPO

R eser man på Göta Kanal är inte malet det viktiga, utan resans upplevelser« – »Bei dieser Fahrt ist nicht das Ziel das Wichtigste, sondern all die Sehenswürdigkeiten entlang der Reise« – der Weg ist also das Ziel. Die Reise auf lieblich-weißen Kähnen entlang des Götakanals lässt sich kaum treffender beschreiben. Sorglos gleitet man bei einem Tempo von zehn Kilometern pro Stunde durch Schwedens lieblichste Landschaften. Der Kanal zählt zu den bedeutendsten technischen Meisterleistungen des Landes. Während die schattigen Wälder, die zahlreichen Seen, die goldgelben Kornfelder und die kleinen Dörfer an der Reling vorbeiziehen, werfen wir einen kurzen Blick auf die Geschichte dieser Wasserstraße.

Diese romantische Wasserstraße, welche die Ostsee und die Nordsee verbindet, wurde im Jahr 1832 eröffnet. Wer an Bord der kleinen Schiffe reist, erlebt nicht nur die herrliche Landschaft, sondern auch die althergebrachte Technik. »Juno« und »Wilhelm Tham« heißen zwei der historischen Dampfer mit weißem Rumpf und schwarzem Schornstein, welche die rund 600 Kilometer lange Strecke befahren. Unterwegs passieren die Schiffe 65 Schleusen. Nur ein Drittel der Strecke ist ein echter Kanal, der Rest verteilt sich auf Seen, Flüsse und das Meer.

32 Jahre dauerte es, den Kanal zu bauen. Baltzar von Platen hieß der visionäre Techniker, der das Projekt – eines der gigantischsten Bauwerke in der schwedischen Geschichte – realisierte. Die Wasserstraße förderte den wirtschaftlichen Aufschwung des Landes beträchtlich, weil sie den Schiffern den Öresundzoll ersparte, der bei Befahren

Die Juno passiert die Schleuse bei Berg.

des Kattegatt an Dänemark zu zahlen war. Seit dem 16. Jahrhundert hatte Schweden davon geträumt, seine Schiffe zwischen Ost- und Nordsee ungehindert hin und her zu bewegen. Schon 1607 wurden erste Kanalschleusen gebaut. Doch dann verstrichen zwei Jahrhunderte, ehe das große Vorhaben mit dem Bau einer Schleuse bei Trollhättan begonnen wurde.

Heute hat der Kanal nur noch nostalgischen Wert. Majestätisch gleiten die Dampfer im Schatten der Bäume durch die weite Landschaft Västergötlands, durch Vänern und Vättern und entlang der Ostseeschären vor Stockholm bis an die Mündung des Mälarsees. Um Punkt neun startet die »Juno« in Göteborg. Anfänglich führt der Kanal aufwärts entlang des Götaälv und erreicht bei Vänersborg den Vänersee. Allein bis Trollhättan müssen fast 40 Meter Seehöhe überwunden werden. Wem dieser Streckenabschnitt nicht gefällt, der soll nicht verzweifeln, denn er ist nicht typisch für den Kanal. Hier erleben wir eine viel befahrene Wasser-

straße zum schwedischen Binnenmeer, die nichts von der stillen Romantik des restlichen Kanals besitzt.

Die Dampfer gleiten dann in weitem Bogen über den Vänern, um bei Sjötorp in den eigentlichen Kanal einzubiegen. Kurz vor dem Vikensee durchläuft der Kanal ein mehrere Meter langes Teilstück, das aus dem Felsen gesprengt ist. Auch der Vikensee muss mit Vorsicht befahren werden, denn Untiefen lassen nur eine enge Fahrstraße frei. Doch keine Angst – die Kapitäne der Dampfer verstehen ihr Handwerk! Auf 92 Metern Seehöhe ist der Scheitelpunkt des Kanals erreicht.

Forsvik, die nächste Station, besitzt die älteste Schleusenanlage. Sie verbindet den Vikensee mit dem Vättern.

Nun sind die Reisenden schon über einen Tag unterwegs. Doch langweilig wird es ihnen an Bord nicht, denn der Blick über die Reling bietet viel Kurzweil. Auch an Bord ist für jeden Besucher bestens gesorgt: Die opulenten Abendmenüs werden im wunderschönen Speisesaal gereicht und die Veranda am hinteren Ende des Schiffs lädt zum Verweilen ein. Im Salon stehen gemütliche Sofas, zwischen den Petroleumlampen kann man hier stilvoll einen Cognac einnehmen.

Die meisten Dampfer überqueren den Vättern nachts, nachdem sie den Kanallauf bei der mächtigen Festung Karlsborg verlassen haben. Am Ausgang des Vättern erreichen sie die Retortenstadt Motala. Hier wurden früher Erze verschifft, die in der Region gewonnen wurden. Die Stadt beherbergt das Geschäftsgebäude der Götakanalschifffahrt und das Götakanal-Museum, das vom Bau und Betrieb des »Blauen Bandes« erzählt.

Sind die Schleusen von Borenshult passiert und das Boot über sechs Kammern in den Borensee hinabgelassen worden, steuern wir den schönsten Kanalabschnitt an. Mit Sörby, Ruda oder Sjöbacka folgen einige kleine Brückenübergänge, die jeweils mit Wärtern besetzt sind. Auch der 1750 erbaute Landsitz von Brunneby liegt am Kanal. Die Dampfer fahren nun durch waldreiche Gebiete – Radfahrer können die Schiffe übrigens auf den alten »Treidelpfaden« begleiten. In Berg wartet dann eine besonders spektakuläre Schleusentreppe: Wie auf einer Rolltreppe gleitet das Schiff in den tiefer gelegenen Roxensee. Über 30 Höhenmeter sind dabei in neun Schleusenstufen zu überwinden.

Nun folgt der letzte Abschnitt des Kanals, ehe das Schiff bei Mem die künstliche Wasserstraße verlässt und in den Schärengarten der Ostsee gelangt. Durch ein Labyrinth bewaldeter Inselchen, kahler Schären und Wasserstraßen steuert der Kapitän dem Mälarsee und damit Stockholm entgegen. Hier angekommen, legt der Dampfer unmittelbar an der Altstadt am Riddarholmenkai an.

Eine 620 Kilometer lange Schiffsreise geht zu Ende. Und eine kuriose Nebenerscheinung lässt uns zur Turmspitze der Riddarholmenkirche emporblicken: Sie ist genauso hoch wie der höchste Punkt des hinter uns liegenden Kanals. Die Schiffsreise ist zwar nicht die schnellste Verbindung zwischen Göteborg und Stockholm, aber sicherlich die schönste. Diese nostalgische Reise auf Schwedens Blauem Band, bergauf und bergab, durch Wiesen, Wälder und Seen, wird uns noch lange in Erinnerung bleiben.

DIE LANDSCHAFT VON SMÅLAND

Die Landschaft Småland ist ein hohes Haus mit Tannen auf dem Dach, sagte der Lehrer, und davor liegt eine breite Treppe mit drei großen Stufen, und diese Treppe nennt man Blekinge. Sie erstreckt sich achtzig Kilometer entlang der Vorderseite des Smålandhauses, und derjenige, der die Treppe bis zur Ostsee gehen will, muss vierzig Kilometer wandern.«

Treffender als in diesem kurzen Zitat aus Selma Lagerlöfs »Nils Holgersson« kann man diese typisch schwedische Landschaft kaum beschreiben. Småland gilt als die südlichste Wildnis Schwedens – klare fischreiche Flüsse und Seen sowie weite Wälder, in denen zahlreiche Elche leben, bestimmen das Landschaftsbild.

Im zentralen Teil erstreckt sich die südschwedische Hochebene, die geologisch betrachtet uralt ist. Während das nördlichere Hochland am Übergang zum Vätternsee unruhiger und bergiger ist, breitet sich der Süden als flache, weite Seenplatte aus. Hier finden sich 30 bedeutende Seen, die einst zusammenhingen. Die größte Erdfalte füllt der tiefe Vätternsee aus. Die Küste bietet im Gegensatz zum Landesinneren ein ganz anderes Bild: Sie wirkt weniger karg und lebendiger, hier liegen auch die städtischen Zentren Smålands Oskarshamn und Kalmar.

Die Geschichte Smålands versteht man nur, wenn man seine exponierte Lage zwischen dem dänischen und schwedischen Reich berücksichtigt. Lange Zeit verlief hier die Grenze, so entwickelten die Småländer eine ganz eigene Kultur, in der sich Elemente beider Länder vermischen. Hier siedelten bereits in der Bronzezeit Menschen – aus dieser Zeit sind zahlreiche Grabhügel und Schiffssetzungen erhalten. Diese verraten dem Fachmann heute, wo sich einst Gerichtsplätze oder Königssitze befanden.

Im 19. Jahrhundert durchlebte Schweden einen Wandel von der bäuerlichen zur bürgerlichen Gesellschaft. Im Zuge dessen mussten viele Bauern das karge Småland verlassen – sie bildeten den Hauptanteil der schwedischen Auswanderer nach Übersee. In der Folge vereinsamten die Höfe und ganze Landstriche.

Heute fördert die Regierung die traditionellen landwirtschaftlichen Methoden. So unterhält zum Beispiel die Schwedische Akademie für Literatur und Altertümer in Stensjö ein Projekt, das die früheren Kulturlandschaften erhalten soll. In diesem Dorf betreiben die Bauern die so genannte Schwendewirtschaft, die möglichst ohne Technik und Chemie arbeitet. Ziel ist es, das traditionelle Dorf der typisch smäländischen Waldgegend als Kulturgut und Dokument althergebrachter Lebensweisen zu erhalten.

Das eigentliche Småland aber ist Vimmerby und seine Umgebung, die Heimat von Pippi Langstrumpf und Michel aus Lönneberga, kurzum die Wirkungsstätte der berühmten Schriftstellerin Astrid Lindgren.

Nur wenige Kilometer außerhalb der Kleinstadt, in der die »Astrid-Lindgren-Värld« vor allem junge Besucher und Kinder anlockt, finden sich die Schauplätze der Geschichten: das Katthult des Michels aus Lönneberga oder Sevedstorp, die Heimat der Kinder aus Bullerbü.

Am Weg nach Katthult stößt man auf die Rumseken, Vorbilder des Limonadenbaumes aus Pippis Garten. Die liebliche Landschaft mit den kleinen Dörfchen lässt uns sofort verstehen, warum die Kindergeschichten gerade hier angesiedelt sind.

Smäländischer Urlaubstraum: Langsam löst sich der Morgennebel über dem See.

Schwedens Westen

Bizarre Granitküsten, der schöne Schärengarten, rote Fischerhäuschen in idyllischen Dörfern, einsame Waldlandschaften mit breiten Flüssen und Seen – Schwedens Westen ist mit den Provinzen Bohuslän, Dalsland und Värmland wahrlich ein Paradies der Sommerträume.

Die Schärenküste von Westschweden bildet ein Mosaik aus roten Fischerhäuschen, silbernen Granitfelsen und tiefblauen Wasserstraßen.

LAND DER SOMMERTRÄUME

Die Provinzen Dalsland, Bohuslän und Värmland zählen zu den beliebtesten Urlaubsgebieten Schwedens. Und das zu Recht, denn alle drei bieten eindrucksvolle Landschaften: Einsame Urwaldgebiete, lang gestreckte Seen, felsige Berghöhen, fruchtbare Täler und gemächlich dahinziehende Flüsse prägen das Dalsland und Värmland. Diese Region gilt als »Schweden im Kleinformat« – vor allem Kanuten und Wanderer finden hier ein wahres Paradies.

Im südlich angrenzenden Bohuslän besticht die Schärenküste mit ihren zahllosen Granitinseln. Liebliche Fischerdörfer laden zum Verweilen ein. Der kulturelle Höhepunkt sind die Felsritzungen von Tanum-Vitlycke, die zu den wertvollsten Kulturzeugnissen Skandinaviens zählen.

GÖTEBORG – GEGENPOL ZUR HAUPTSTADT

An der Mündung des Götaälv-Flusses erreichen wir Schwedens zweitgrößte Stadt Göteborg. Ihrer günstigen geografischen Lage verdankt sie den Beinamen »Pforte zum Westen«. Im Hafen durchquert das Fährschiff die mächtige Älvsborg-Brücke, die den Götaälv in weitem Bogen überspannt. Sie symbolisiert das »Tor« auf geradezu perfekte Weise. Göteborg verdankt seine Bedeutung vor allem den Hafenanlagen, die wichtige Industrien anlocken. So nutzen zum Beispiel die Autofabrik Volvo und eine riesige metallverarbeitende Fabrik die günstige Lage am Eingang zum Atlantik. Wie es einer Hafenstadt gebührt, herrscht in Göteborg eine weltoffene und internationale Atmosphäre.

Göteborg ist eine relativ junge Stadt. Zu der Zeit, als an der Ostsee und auf Gotland schon die Hanse in voller Blüte stand, gab es hier nur einen unbedeutenden Handelsplatz namens Lödöse. Der Ort Kungsälv mit der Burg Bohus bestimmte das politische Geschick der Region. Erst Gustav II. Adolf gründete im Jahr 1619 die erste Stadt. Er lud aus dem Ausland Kaufleute ein – unter ihnen zahlreiche Holländer –, einen starken Handelsplatz aufzubauen. Am 4. Juni 1621 unterzeichnete der König den Privilegienbrief, der den Magistrat der Stadt ernannte. Da die Stadt auf überwiegend sumpfigem Gelände entstehen sollte, legten die Holländer nach Vorbild Amsterdams Kanäle an. Zudem schützten sie ihren Ort mit Schanzen und Wallgräben. Heute können sich Besucher in flachen Booten durch diese Kanäle und Schanzanlagen gondeln lassen.

In den folgenden Jahren blühte Göteborg regelrecht auf: Die Stadt wurde nie eingenommen und der Handel wuchs beträchtlich. Die Verbindungen reichten bis nach England, Schottland und Deutschland, um 1730 entstand sogar ein regelmäßiger Handelskontakt mit China. Im Umland Göteborgs siedelten sich zahlreiche Industriebetriebe an, während Göteborg zum wichtigsten skandinavischen Hafen heranwuchs.

Dennoch muss sich der Besucher heute vor den Industriebetrieben nicht fürchten – wenn er die Innenstadt nicht verlässt. Weit vor den Toren der Stadt werden nämlich die Waren umgeschlagen und die Schiffe gelöscht. So gehört das Zentrum den lebensfrohen und humorvollen Bewohnern, die aus ihrer Abneigung gegen die weit entfernte Hauptstadt keinen Hehl machen. Dieses Gefühl ist durchaus verständlich:

Göteborg musste oft zugunsten der Hauptstadt seine eigenen Interessen zurückstecken. Die Stadt ist zwar sonniger und fröhlicher als Stockholm, ihr Flair ist jedoch mit dem der ehrwürdigen Metropole Stockholm nicht zu vergleichen.

Das mondäne Göteborg versucht seit jeher, an der Westküste einen Gegenpol zur Hauptstadt an der Ostküste zu schaffen. Im Zentrum trifft man auf die Avenyn mit dem Götaplatsen.

als Zeughaus diente, ist der älteste noch erhaltene Profanbau der Stadt. Eine besondere Aura verströmt das Gebäude der Ostindischen Kompanie, das im 18. Jahrhundert die Zentrale der Handelsgesellschaft beherbergte.

Am Gustav-Adolfs-Torget beginnt die Kungsportsavenyn, eine 50 Meter breite und rund einen Kilometer lange Prachtstraße, die zweifellos das gesellschaftliche Zentrum der Stadt ist. Unter den Baumkronen der Allee drängen sich zahlreiche Cafés, kleine Geschäfte, edle Boutiquen und prächtige Patrizierhäuser – den Vergleich mit den klassischen Boulevards anderer mitteleuropäischer Metropolen muss die Kungsportsavenyn wirklich nicht scheuen. Einst standen hier nur Holzhäuser, denn erst ab der Jahrhundert-

Dennoch lohnt sich ein Besuch der »kleinen Schwester« unbedingt. Der historische Gustav-Adolf-Platz mit dem Rathaus, der Börse und der Statue zu Ehren des Stadtgründers markiert das Stadtzentrum. Gleich dahinter ist die Kristinekyrka, die Deutsche Kirche, zu finden. Sie wurde ursprünglich im 17. Jahrhundert errichtet, fiel aber später einem Brand zum Opfer. Insgesamt verwüsteten Großfeuer fünfmal die Altstadt Göteborgs, so dass heute kaum eines der ursprünglichen Häuser mehr steht. Das Kronhuset, das einst

wende durften die Patrizier von Göteborg ihren Reichtum in Form von Steinbauten zur Schau stellen. Diese Straße bietet sich an warmen Tagen wie keine andere zum Flanieren an – munter wandern wir vom klassizistischen Nationaltheater zum Götaplatsen. Die netten Straßencafés geben uns Gelegenheit, das bunte Treiben in Ruhe zu genießen. Hier zeigt sich Schweden von einer ganz anderen Seite – insgesamt führt die Westküste dem Besucher vor Augen, wie bunt die schwedische Nation ist.

Die Kungsportsavenyn endet am Götaplatsen, den der imposante Poseidonbrunnen des berühmten schwedischen Bildhauers Carl Milles beherrscht. Rund um den Platz finden wir das Kunstmuseum mit der umfangreichsten Sammlung skandinavischer Kunst, die Konzerthalle und das Stadttheater. An der Schnittstelle der Straße mit den Parkanlagen am Vallgravenkanal liegen das »Große Theater« und die Malerschule Valand, in der Carl Larsson tätig war.

Eine besondere Sehenswürdigkeit Göteborgs sind die historischen Straßenbahnen. Ein solches Verkehrsmittel gibt es außer in Göteborg nur noch in der Hauptstadt. Eine U-Bahn konnte man in Göteborg wegen des lehmigen Untergrundes nicht bauen. So fährt heute noch zwischen Hauptbahnhof und Vergnügungsviertel die alte Bahn – bedient von Schaffnern in Originaluniformen.

Die Handels- und Wirtschaftsmetropole Göteborg entwickelte sich in ihrer relativ kurzen Geschichte zu einem pulsierenden Schnittpunkt zwischen Mittel- und Nordeuropa. Auch wenn heute seine Bedeutung als Warenumschlagplatz gesunken ist, so bleibt Göteborg doch weiterhin ein wichtiger Passagierhafen. Noch vor 100 Jahren begannen hier die Auswanderer ihre unwägbare Reise in die Neue Welt. Heute bringen die großen Fährschiffe alljährlich über vier Millionen Menschen in die Stadt, die »das Tor zum Westen« als Ausgangspunkt ihrer Skandinavienreise gewählt haben. In der Tat gibt es keine bequemere Art der Anreise – und es gibt keinen besseren Ort, Land und Leute kennen zu lernen.

SOMMERTRAUM AUS GRANIT – DAS BOHUSLÄN

Wie blaugrüne Dünung drängen die Bohusberge majestätisch gegen den Meeresstrand; aber zwischen kahlen Urzeithöhen liegt fruchtbarer Boden und Bauernland, unwiderstehlich und verführerisch im Glanz der glatt geschliffenen Granitfelsen ...« So beschreibt der schwedische Troubadour Evert Taube das Bohuslän. In der Tat ist keine Landschaft Schwedens so gegensätzlich wie diese – und keine so untypisch für Schweden: Nirgendwo sonst spielt das Meer eine so beherrschende Rolle, nirgendwo sonst sind die Sommer so sonnig und warm. Einst gehörte es zu Norwegen, und an dieses Land erinnert auch die kahle Granitküste des Bohuslän. Von Göteborg nordwärts bis zum Svinesund zieht sich die felsige Küste mit ihren zahlreichen Inseln und Förden, die sich in das tiefe Blau des Skagerrak schneiden.

Die vom Fels geprägte Landschaft weist sehr deutlich auf die geologische

Ein Sommertraum für Wassersportler ist die Bohuslänküste wie hier zwischen dem Festland und der Halbinsel bei Smögen.

Das kleine Fischerdörfchen Åstol ist nur mit dem Boot erreichbar.

Entwicklung der Region hin – denn auf den meisten Granitinseln konnte sich auch 10 000 Jahre nach Ende der Eiszeit keine Vegetation ansiedeln. Grund dafür ist der hier unablässig wehende Wind. Noch deutlicher treten in der Region allerdings die Zeugnisse der Geschichte zu Tage: Hier finden sich die ältesten Siedlungsspuren Schwedens, noch heute künden die Felszeichnungen der frühesten Bewohner davon. Warum kamen sie ausgerechnet hierher? Das an Fischen reiche Meer und das wärmere Klima hatten die Menschen wohl einst bewogen, sich an der Küste niederzulassen.

Gerade diese Mischung aus Geschichts- und Naturerlebnis macht das Bohuslän heute so reizvoll und sympathisch. Zudem versprechen die bunten Fischerdörfchen einen wundervollen Urlaub – sie empfangen den Besucher mit typisch schwedischem Charme.

Im Gegensatz zur Küste blieben die dicht bewaldeten Gebiete des Landesinneren lange unbesiedelt. Carl von Linné hatte übrigens 1747 festgestellt, dass die aus Muschelkalk bestehenden Bergrücken in Richtung der bizarren Granitküste wandern: So schnürten sie nach und nach die Meeresbucht des Vänern zu einem Binnensee vom Meer ab. Die bis zu 160 Meter mächtigen urgeschichtlichen Ablagerungen verwandelten zudem die Meerengen bei Munkedal und Uddevalla zu breiten Strömen. Von ihnen blieb der Götaälv bis heute erhalten.

Die größten der Küste des Bohuslän vorgelagerten Inseln sind Orust und Tjörn. Brücken verbinden die Inseln mit dem Festland, ansonsten muss man die Fähre nehmen. Den Mittelpunkt bildet der Ort Stenungssund, der in den 1960er-Jahren zu einem Zentrum der Petrochemie avancierte. Auf Orust und Tjörn finden sich zahlreiche historische Zeugnisse: Kirchen, Steinlabyrinthe, Grabhügel, Steinsetzungen, die wahrscheinlich aus römischer Zeit stammen, und die bereits erwähnten Felsritzungen. Zwischen den Granitfelsen liegen bunte, charmante Dörfer, die den Besucher zum Verweilen einladen. So wartet zum Beispiel das idyllische Fiskebäckskil am Südufer des Gullmarnfjordes mit einer Vielzahl kunterbunter Holzhäuser und verwinkelter Gassen. Im 19. Jahrhundert war das Dorf eine Hochburg des Heringsfanges, der zahllose Frachtsegler anlockte. Erst zu Beginn des 20. Jahrhunderts verwandelte es sich in einen Badeort. Heute dienen viele der renovierten Fischerhäuser als Sommerdomizile.

Die Schweden nennen die für das Bohuslän typischen Kahlen Eilande »skärgarden« – Schärengarten. In der Tat erinnern die grauen Inselchen mit ihren farbenprächtig bemalten Häusern an einen Garten. Die Schären sind gleichzeitig ein Eldorado für Wassersportler. Aus allen Teilen der Welt strömen die Segler hierher, um die günstigen Winde der Sunde und Buchten auszunutzen. Das macht natürlich die in Schweden allseits so gepriesene Einsamkeit zunichte. Dennoch findet in diesem riesigen Gebiet jeder sein Plätzchen – und sei es nur zum Sinnieren, nicht zum Segeln.

Eine Welt für sich sind die vielen Touristenorte an der Küste, denn sie verströmen eine ganz und gar nicht schwedische, sehr mondäne und snobistische Aura. Die meisten waren vor nicht allzu langer Zeit kleine Fischerdörfchen, doch unter dem Ansturm der Segler wuchsen sie zu stolzen Segelhäfen. Interessant ist hier stets der Kontrast zwischen den historischen, bescheidenen Gebäuden und den modernen Bauten.

SMÖGEN – SÜD-LICHES FLAIR IM HOHEN NORDEN

Ganz ähnlich entwickelten sich die meisten Häfen – nicht umsonst gilt Bohuslän als die Côte d'Azur Schwedens. Nehmen wir zum Beispiel Smögen: Seine eindrucksvolle Felsküste und die malerischen Bootshäuser im Fischerhafen locken die Touristen seit jeher scharenweise an. Im Sommer drängen sich große Segeljachten im Wasser und wahre Menschenmengen an der Mole. Jeder Besucher flaniert die einige hundert Meter lange, von Cafés und Geschäften gesäumte Promenade entlang. Die in der Sommersonne überschäumende Lebensfreude, das strahlende Meer und die Besucher aus aller Welt brachten Smögen den Beinamen »Saint-Tropez des Nordens« ein: Es gibt sich ähnlich verspielt, naiv und versnobt wie die stolze Namensgeberin, wenn auch viel kleiner. Doch ebenso wie in Frankreich gilt hier im Sommer das Motto »sehen und gesehen werden«. Die ehemaligen Fischerhäuschen beherbergen heute Lokale und allerlei andere Läden, die Kunst, Kitsch und Mode feilbieten.

Ganz anders präsentieren sich Grundsund und Fiskebäckskil, zwei Fischerörtchen am Gullmarnsund, Schwedens einzigem echten Fjord. Wer durch die autofreien Gässchen schlendert, bemerkt sofort den schwedischen Baustil: bunte Hausfassaden, liebevoll verzierte Fenster. Hier und da flattert stolz ein blau-gelbes Fähnchen.

Romantische Kanäle, Krabben und bunte Bootshäuschen prägen Smögen, den bekanntesten Ort des Bohuslän.

EIN BLICK IN DIE URGESCHICHTE

Die Menschen aller Epochen schufen bleibende Werke, an denen sich noch Generationen nach ihnen erfreuten. Dazu zählen auch die zahlreichen prähistorischen Zeugnisse des Nordbohuslän. So erzählen uns zum Beispiel die Felszeichnungen von Tanum von einer Zeit, die mehr als 3000 Jahre zurückliegt.

Sie versetzen uns förmlich in die Bronzezeit zurück: Wir sehen einen Mann, der vor 3500 Jahren lebte, ein Liebespaar, ein Schiff mit wild tanzender Besatzung, einen Bauern vor dem Pflug, Hirsche mit gewaltigem Geweih, Pferde, die das Sonnenrad ziehen, und nicht zuletzt zahlreiche Sonnensymbole.

Welchem Zweck dienten wohl diese Abbildungen, fragen wir uns. Fachleute sagen, sie sollten die Naturgewalten gnädig stimmen, denen die Menschen der Bronzezeit ausgeliefert waren. Andere beschwören das Handelsglück, fruchtbare Ernten oder einfach gutes Wetter. Die Künstler hatten als einziges Werkzeug einen Stift aus hartem Stein. Dennoch sind die Werke alles andere als primitiv, sondern im Gegenteil erstaunlich kreativ – so erkennen wir noch heute, welche Gefühle die dargestellten Figuren empfinden!

Der Ort Tanum beheimatet auf nur wenigen Quadratkilometern die größte Ansammlung prähistorischer Felszeichnungen in Nordeuropa. Archäologen haben hier über 1200 Ritzzeichnungen freigelegt mit mehr als 10000 Figuren. Um den immensen kulturhistorischen Wert dieser Funde zu bewahren, wurde die Region 1994 von der UNESCO als »Weltkulturerbe« ausgewiesen. Die meisten der Felszeichnungen stammen aus der Bronzezeit, in der die Künstler sie in die von Gletschern glatt geschliffenen Felswände ritzten.

Das Vitlycke-Museum, das seit 1998 eine didaktisch und optisch äußerst gelungene Ausstellung zu den Steinzeichnungen und zum Leben in der Bronzezeit präsentiert, eignet sich hervorragend als Ausgangspunkt für eine lehrreiche Rundreise durch das Felsritzungsgebiet.

Am spektakulärsten ist wohl die 22 Meter lange Vitlycke-Platte gleich gegenüber dem Museum, die zahlreiche beeindruckende Zeichnungen aufweist. Neben Schiffen, Tieren, Pferden und nackten Männern zeigt dieser größte und figurenreichste Felsen Schwedens auch das berühmte Liebespaar. Erst in den letzten Jahren konnten die Forscher entschlüsseln, was die einzelnen Szenen bedeuten.

Nur wenige hundert Meter davon entfernt ragt der Felsen des Aspeberget hervor. Er zeigt starke Stiere, Pferde, Enten, Reiter, Schiffe, tanzende Menschen und große vierrädrige Wagen. 500 Meter weiter bildet die Litseby-Platte neben Schiffen und Kriegern die stattliche 2,25 Meter große Figur des Speergottes ab.

Fünf Kilometer nordöstlich von Vitlycke findet man auf den Felsen von Fossum ein Ensemble aus 130 Figuren, das vor allem Kampf- und Jagdszenen enthält.

Die Felsritzungen von Tanum-Vitlycke zeigen, dass der Bohuslän schon zu Urzeiten besiedelt war.

Kanuparadies Dalsland

Viele Kanuten schwören, nur im Kanu erlebe man die unverfälschte Natur. Sachte über einen See zu gleiten, die würzige Luft zu atmen, in den säuselnden Wind zu horchen und den Schlag des Paddels zu hören, umgeben von silbrig glänzendem Wasser, granitgesäumten Ufern und dunklen Wäldern. Wer ein solches Erlebnis sucht, muss ins Dalsland kommen. Am Fryken oder Lelangen, den großen Seen Dalslands, wird der Naturliebhaber fündig.

Diese wunderbare Wasserwelt ist ein Eldorado für Kanuten und Freizeit-kapitäne und der Wechsel aus Wäldern und einsamen Wasserflächen bildet die perfekte Kulisse dazu. Der Tonschiefer im Untergrund hält den Boden feucht und macht ihn fruchtbarer, was die üppige Vegetation begünstigte. Auch die Tier- und Vogelwelt ist hier besonders reich. Die entlegenen Waldregionen, wie etwa im 1996 gegründeten Tre-sticklan-Nationalpark, durchstreift sogar der Luchs, der ansonsten nur noch in Nordschweden lebt. Die wenigen städtischen Zentren wie Arjäng oder Bengtsfors sind reine Versorgungsstationen der Region. Einer schwedischen Sage zufolge soll Gott bei der Schöpfung das Dalsland vergessen haben. Um den Fehler gut zu machen, stattete er es nachträglich mit einer wunderschönen Mischung aus Land und Wasser aus – dem Himmel auf Erden.

Dalsland gilt als Geheimtipp für alle, die im Süden Schwedens einsame Wälder und kristallklare Seen suchen. Manche Täler erinnern schon an die rauen Hochebenen des hohen Nordens. Die Lebensader der Region bildet der gleichnamige Kanal, der vom Vänersee aus die Provinz durchquert.

Noch vor hundert Jahren beförderten hier die Lastkäne der Eisenhütten ihr Ladegut in Richtung Vänern. Heute befahren Kanuten und Hobbyschiffer die Wasserstraße oder erkunden das Seenlabyrinth von Lelangen, Foxen, Silen oder Stora Le. Der Kanal ist 250 Kilometer lang, dabei müssen

26 Schleusen überwunden werden. »Paradeschleuse« und Sehenswürdigkeit zugleich ist die Anlage bei Håverud. Hier musste einst die enge Schlucht zwischen Aklängen und Häljensee schiffbar gemacht werden. Zu diesem Zweck konstruierte der Kanalbauingenieur Nils Ericsson einen Aquädukt, der die 32 Meter breite Schlucht überspannt und die Schleusenkammern verbindet. Dazu kam um 1920 eine Eisenbahnbrücke und in den 1930er-Jahren eine mächtige Bogenbrücke für die Straße. So wurde die Schlucht zum technischen Kuriosum.

Liebhaber unberührter Natur müssen sich aber nicht sorgen. Dies ist eine einmalige Ausnahme, denn ansonsten prägt die wilde Natur diese Provinz.

Unverfälschte Natur erleben: Laulias gleitet das Kanu über den Foxen (Dalsland).

Von Wildgänsen und einem weiten Land

Die bedeutendsten und bekanntesten Sehenswürdigkeiten des Värmlandes finden sich in Sunne. Dieser kleine Ort liegt wunderschön auf einer flachen Landzunge zwischen Övre und Mellan Fryken, zwei lang gestreckten Seen im Zentrum des Värmlandes. Sunne ist ganz auf Selma Lagerlöf eingestellt, die im nahen Mårbacka geboren wurde. Schon am Hauptplatz begrüßt die Bronzestatue der Dichterin die zahlreichen Besucher aus aller Welt. Auch das Thinghaus, das wertvolle kulturhistorischen Sammlungen zeigt, widmet sich dem Leben Lagerlöfs.

Nur acht Kilometer von Sunne entfernt erreichen wir Mårbacka, das östlich des Frykensees liegt. Dieser prächtige Landsitz inmitten der malerischen Landschaft zählt zu den meistbesuchten Sehenswürdigkeiten Schwedens. Der Hof hatte einst der Familie Selma Lagerlöfs gehört, doch sie musste ihn nach dem Tod ihres Vaters 1882 verkaufen. Mit dem Honorar für den Literaturnobelpreis, den sie 1909 erhielt, konnte die Schriftstellerin das Anwesen zurückkaufen. So verbrachte sie hier die Jahre bis zu ihrem Tod 1940.

Der noble Landsitz präsentiert sich den Besuchern heute noch immer so, wie ihn Lagerlöf einst hinterlassen hat. Das Hauptgebäude hatte Gustaf Clason zwischen 1921 und 1923 im karolinischen Gutshofstil erbaut. Die großen Bäume vor dem Haus – eine Esche, Birken und Kastanien – erinnern an Lagerlöfs Vater, der sie dort pflanzen ließ. Im Inneren empfängt uns eine ausgestopfte Wildgans, eine Reminiszenz an Nils Holgersson. Salon, Schlaf- und Arbeitszimmer sind noch mit den Originalmöbeln ausgestattet. Das Esszimmer erinnert am stärksten an das alte Mårbacka, denn seine Wandschränke enthalten noch das schöne Porzellan. Hier sind auch Kohlezeichnungen der Schauplätze aus Lagerlöfs Romanen zu sehen. Hof und Garten sind zugänglich, das Herrenhaus darf aber nur im Rahmen von Führungen besichtigt werden. Selma Lagerlöf, die als erste Frau in die Schwedische Akademie für Sprache und Wissenschaft aufgenommen wurde, fand auf dem Friedhof von Östra-Ämtervik, zehn Kilometer südwestlich von Mårbacka, die letzte Ruhe.

Selma Lagerlöf erzählte stets von jener Landschaft, die sie zeitlebens umgab – dem Värmland. Ihre Werke sind jener literarischen Strömung zuzuordnen, die gegen Ende des 19. Jahrhunderts in Schweden entstand. Sie nahm national-romantische Themen auf, vergaß aber nie, ihren Charakteren psychologische Tiefe zu geben. Die Kulisse bildete aber stets das schöne Värmland. Der 1891 erschienene Roman »Gösta Berling« – ihre erste Veröffentlichung – war ihr Hauptwerk. Der nahe Mårbackas gelegene Rottnerospark mit dem gleichnamigen Herrenhaus diente ihr als Vorbild für das Schloss Eckeby des Romans. Der endgültige Durchbruch gelang Lagerlöf 1905 mit dem kleinen Däumling Nils Holgersson, der auf dem Rücken der Hausgans Martin mit den Wildgänsen quer durch Schweden flog. So lernte er das Land, seine Natur, seine Schönheit und Geschichte kennen. Für das Buch, das übrigens eine Auftragsarbeit für die schwedische Schulverwaltung war, erhielt sie 1909 den Literaturnobelpreis.

Zwei Kilometer südlich von Sunne befindet sich die bedeutendste kultu-

In Mårbacka hatte sich die Schriftestellerin Selma Lagerlöf ihr Reich geschaffen.

relle Sehenswürdigkeit des Värmlandes, der Rottnerospark. Diese etwa 40 Hektar große Fläche beherbergt ein schmuckes Herrenhaus, eine sehenswerte Gartenanlage und mehr als 100 Skulpturen berühmter schwedischer Künstler. Das heutige Anwesen ging aus einem Großgrundbesitz hervor, der bereits im 13. Jahrhundert entstand. Sein heutiges Erscheinungsbild erhielt der Herrenhof um 1850. Zwar zerstörte ein Brand am 13. Dezember 1929 das Gebäude, doch der damalige Besitzer Svante Påhlsson ließ es 1932 wieder aufbauen. Dabei verwirklichte er seine Vision von einem »Park der Skulpturen« und ließ überall Kunstwerke von Christian Eriksson, Per Hasselberg, Carl Milles, Carl Eldh und anderen aufstellen.

DIE SÜDLICHSTE WILDMARK SCHWEDENS

D as dünn besiedelte, waldreiche Värmland gilt als die südlichste Wildnis des Landes. Blau schimmernde Berge, weite Wälder, zahlreiche Seen und kleine, aber feine kulturelle Sehenswürdigkeiten machen es zu einem Urlaubsland par excellence.

Daneben lohnen auch die Eisenhütten rund um Munkfors und im Südosten der Provinz einen Besuch. Die Hüttenbarone nutzten einst die riesigen Holzreserven der Region zur Energiegewinnung und verlangten die uneingeschränkten Nutzungsrechte der Wälder. Dabei vertrieben sie allmählich die finnischen Siedler, die sich seit dem 17. Jahrhundert im Värmland niedergelassen hatten und die Schwen-

Am Klarälven, Schwedens längstem Fluss, wird heute noch Holzflößerei betrieben.

dewirtschaft nach Schweden gebracht hatten. Das Finnkulturzentrum in Torsby erinnert heute noch an diese Finnenkolonie. Sehenswert sind vor allem die Häuser: Das Haupthaus besaß anstelle eines Kamins lediglich eine zentrale Dachluke, durch die der Rauch entwich. Ferner zählten Trockenschober, Saunahäuschen und Räucherhütten zu einem Hofkomplex.

Zu einem Besuch im Värmland gehört auch die Floßfahrt am Klarälven. Der stille, friedliche Fluss entspringt an der norwegischen Grenze und durchquert die gesamte Provinz, ehe er bei Karlstad in den Vänern mündet. Er

versorgte nicht nur die Eisenhütten, Papierfabriken und Kraftwerke, sondern wurde bis 1991 auch zum Flößen von Holz genutzt.

Heute lassen sich Touristen auf Flößen die etwa 110 Kilometer lange Strecke von Sysslebeck bis Ekshärad treiben. Die einfachen Flöße bestehen aus zusammengebundenen Baumstämmen, luxuriösere Varianten aus vorgefertigten Pontons. Diese Gefährte sind denkbar einfach zu steuern und die Fahrt ist ein wunderbares Erlebnis. Natürlich darf man es nicht versäumen, dem Flößereimuseum von Dyvelsten einen Besuch abzustatten.

Im Herzen Schwedens

Seit jeher ist Dalarna das Ziel romantischer Naturliebhaber. Traumhafte Landschaften und lebendiges Brauchtum betonen die schwedische Seele hier ganz besonders. Dazu kommen zahllose rote Holzhäuschen, tiefblaue Seen, weite Wälder und grenzenlose Mittsommertage.

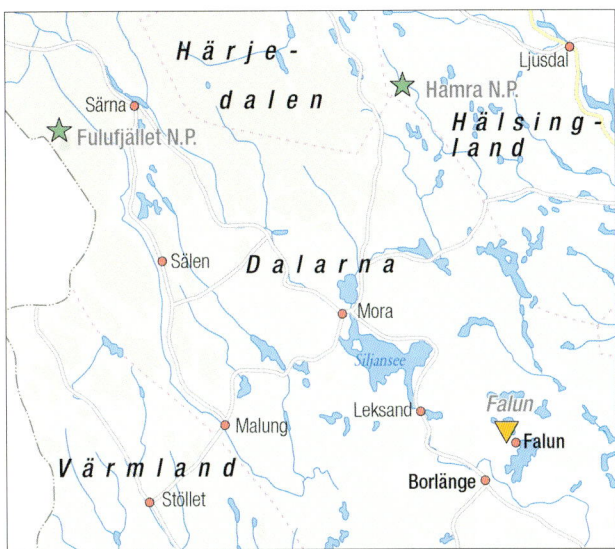

Der Spätsommermorgen am Oresjön nördlich von Rättvik hält, was die romantischen Landschaften Dalarnas versprechen.

BUNTE BILDER-
BUCHLANDSCHAFT

Dalarna, was wörtlich übersetzt Täler heißt, ist eine der schönsten schwedischen Provinzen. Ihre abwechslungsreichen Landschaften locken uns mit einer wilden und unberührten Natur, zudem gibt es hier auch einige kulturelle Highlights zu entdecken. Dalarna – das Herz des schwedischen Reiches – liegt rund um den blau glitzernden Siljansee. Seine traditionsreichen Ortschaften wie Mora, Rättvik, Leksand oder Orsa verzaubern jeden Besucher. Denn ein Sommertag oder Mittsommerabend am Siljansee ist ein einmaliges Erlebnis.

IM HERZEN
DER NATION

Ich bin weder in Rom noch Athen gewesen, ich habe weder auf dem Capitolium noch auf der Akropolis gestanden, aber ich war in Dalarna.« So beschrieb der dänische Schriftsteller Frederik Barfod die Region, die als »Herz der Nation« gilt. Ihre Bilderbuchlandschaft erstreckt sich zwischen den großen Strömen Öster- und Västerdalälven, rund 300 Kilometer nordwestlich von Stockholm. Fast drei Viertel Dalarnas sind von Wald bedeckt, zudem finden sich hier zahlreiche Flüsse und Seen. Industrielle Betriebe gibt es kaum, erwähnenswert ist nur Falun, wo Erz verhüttet wird. Ein weiteres Produkt Dalarnas ist in ganz Schweden und darüber hinaus bekannt: die rote Farbe, die praktisch alle Holzhütten Schwedens ziert. Wer et-

was auf sein Häuschen hält, streicht es mit »Falu-röd«. Dieser rotbraune Farbstoff ist ein Abfallprodukt der Kupfergewinnung.

Den Westen Dalarnas rund um Sälen, Särna oder dem Idrefjäll prägen spektakuläre Fjäll-Landschaften. Damit gehen in Dalarna die lieblichen, sanften Landschaften des Südens in die einsamen, erhabenen, geradezu schroffen Landstriche des Nordens über. So hat der Name »Herz der Nation« durchaus seine Berechtigung, auch wenn es sich nicht um das geografische Herzstück handelt.

Das Zentrum der Provinz Dalarna ist zweifelsohne der riesige Siljansee, an dessen Ufern die wichtigsten Ortschaften liegen. Dem Volksglauben nach entstand der Siljan aus einem Meteorkrater, der sich im Lauf der Zeit mit Wasser füllte. Viele Mythen und Sagen erzählen sich die Menschen hier, darum symbolisiert der Siljansee das schwedische Brauchtum wie kaum eine andere Region. Nirgendwo sonst im Land wird das Mittsommerfest so intensiv gefeiert, nirgendwo legen die Menschen größeren Wert darauf, die alten Traditionen lebendig zu halten.

Dalarna, eine Landschaft aus Tälern, Seen, Bergen und Hügeln, verkörpert die schwedische Seele, hier am Orsasjön nördlich von Mora.

Machen wir uns also daran, diese Gegend zu erkunden. Dazu bietet sich die »Siljan-runt« an: So heißt ein etwa 140 Kilometer langer Pfad, der im Sommer als Wander- und Radtour, im Winter als Langlaufstrecke zu erkunden ist. Er umrundet den gesamten Siljansee. Hier wandeln wir zugleich auf den Spuren der Urzeit: Dieser Ring aus Seen und Flusstälern entstand vor etwa 360 Millionen Jahren durch einen gewaltigen Meteoriteneinschlag. Der Meteor hatte sich dabei tief in das Sedimentgestein eingegraben. Die Eiszeiten der vergangenen drei Millionen

Jahre gaben dem Seenring dann seine heutige Form: Die Senken wurden zu weiten Flusstälern ausgewaschen, während an den Schmelzrändern der Eismassen die Seen entstanden sind. Die geologische Entwicklung der Region ist übrigens im Naturmuseum von Siljansnäs zu sehen.

Ausgangspunkt jeder Reise durch Dalarna sollte Mora sein. Die Stadt, die uns heute vor allem wegen des Wasalaufs bekannt ist, stand schon im Mittelalter im Brennpunkt der schwedischen Geschichte. Heute präsentiert sich Mora als moderner und lebhafter

Ort, der das ganze Jahr über im Zeichen des Skisports und des Wasalaufs steht. Auf die internationale kulturelle Bühne brachte Mora der Maler Anders Zorn, der schon zu Lebzeiten internationales Ansehen erlangte. Das 1939 eröffnete Museum der Stadt präsentiert die kraftvollen Landschaftsbilder des Malers und seine Kunstsammlung. Ein Rundgang durch den angrenzenden Zornsgård, den idyllischen Garten mit Zorns Atelier, zeigt uns das Umfeld des Künstlers, aus dem er seine kreative Kraft schöpfte.

Etwa 20 Kilometer nördlich erreichen wir Orsa am Orsasjön. Hier trifft die liebliche Landschaft Dalarnas auf die waldreiche Orsa-Finnmark, die nordwärts bis Sveg reicht. Die typischen Elemente Dalarnas in Brauchtum und Baustil verschwinden hier allmählich. Orsas Trachten gehören ebenso wie sein Dialekt zu den ältesten in Schweden, nicht aber seine Bauten: 1901 hatte ein großer Brand fast das gesamte Dorf zerstört. Nur die Pfarrkirche aus dem 13. Jahrhundert, die später mehrfach umgebaut wurde, blieb teilweise erhalten. So sind hier noch heute die Gewölbemalereien und der Taufstein aus dem 16. Jahrhundert zu bewundern. Die Hauptattraktion der Gegend befindet sich auf dem zwölf Kilometer entfernten Hochplateau von Grönklitt. Hier, im Reich der Bären, entstand Europas größter Bärenpark. Dieser weitläufige, 90 000 Quadratmeter große Landschaftszoo beheimatet Braunbären und einige andere Tiere der nördlichen Wälder.

79

Jeder Teilnehmer des Wasalaufs passiert auf den letzten Metern vor dem Ziel in Mora diese Wasalopp-Statue.

Ein Besuch Grönklitts lohnt sich zu jeder Jahreszeit. Während man im Sommer auf zahlreichen Wanderwegen die Wildnis erkunden oder die Almen Fryksås oder Hällberg Fäbod besuchen kann, finden im Winter Langläufer und Skifahrer hier ein Eldorado. Fryksås ist eines der zahlreichen berühmten Almendörfer Dalarnas. Zahlreiche alte Holzhütten sprenkeln die satten Wiesen und bieten traumhafte Aussichten auf den Orsasjön und den Siljansee. Bei klarem Wetter reicht der Blick gar bis zum 60 Kilometer entfernten Gesundaberget. Viele dieser alten Katen wurden übrigens zu gemütlichen Ferienhütten ausgebaut.

Weiter geht es auf der Siljan-Runt. Ein Abstecher zur westlich von Mora gelegenen Insel Sollerön ist unbedingt zu empfehlen. Das Eiland ist der sonnigste Ort Dalarnas. Hier bauen die Menschen die langen Kirchboote – die Nachfolger der Wikingerschiffe. An Feiertagen und Mittsommer fahren die Menschen auf diesen Booten über den See zu den Kirchen.

Rättvik, das am östlichen Seeufer inmitten der Wälder liegt, ist das kulturelle Zentrum Dalarnas. Das ganze Jahr über kann der Reisende auf verschiedenen Veranstaltungen die einheimischen Trachten, Volkstänze und das Kunsthandwerk kennen lernen. So sollte er zum Beispiel das Heimatmuseum Gammelgården besuchen, das zahlreiche Häuser, Innenräume und Dala-Malereien zeigt.

Zur Mittsommerzeit wird hier vor den Augen zahlreicher Besucher der Maibaum aufgestellt. Zwischen Mittsommer und Ende Juli findet zudem das Volksmusikfestival »Musik vid Siljan« statt, an dem zahlreiche folkloristische Musik- und Tanzgruppen teilnehmen. Die meisten Vorstellungen gibt es im Parken, dem Freiluft-Veranstaltungsgelände.

Das Wahrzeichen Rättviks ist aber die Kirche, die auf einer Halbinsel etwas außerhalb des Orts steht. Errichtet wurde sie ursprünglich im 13. Jahrhundert, der charakteristische weiße Turm geht allerdings auf das 16. Jahrhundert zurück. Im Inneren finden sich sehenswerte Holzskulpturen, etwa die des heiligen Stephanus, und das vier Meter hohe Triumphkruzifix. Beide stammen aus dem 14. Jahrhundert. Die im Renaissancestil erbaute Kanzel schmücken reiche Ornamente. Ebenso wie das Taufbecken wurde sie im 16. Jahrhundert errichtet.

Heute finden in der Kirche oft Konzerte statt. In der Vergangenheit spielte sie eine bedeutende Rolle, denn hier bat Gustav Wasa 1520 die Männer Rättviks in einer flammenden Rede um Unterstützung. Danach floh er vor den Dänen Richtung Norwegen. An dieses Ereignis erinnert das 1893 errichtete Wasa-Denkmal südlich der Kirche.

Entlang des Seeufers und vor der Kirche finden sich zudem 87 Kirchställe (kyrkstallar), die teilweise aus dem 17. Jahrhundert stammen. Sie dienten früher tatsächlich zum Einstellen der Pferde. Doch da das Ufer rund um den See damals sehr unwegsam war, kamen die meisten Kirchgänger mit ihren schmalen Kirchbooten zur Sonntagsmesse. Diese Tradition pflegen die Einheimischen heute noch, vor allem zur Mittsommerzeit. Dabei tragen sie ihre traditionellen schwarz-weißen Trachten – sie bieten ein malerisches Bild, wenn sie singend von der Enåbrücke zur Kirche rudern.

Ein zweites Zentrum am See ist die südöstlich gelegene Stadt Leksand. Dieser lebhafte Touristenort erstreckt sich malerisch zwischen der Mündung des Österdalälven und dem Insjön. Im Sommer finden hier zahlreiche kulturelle Ereignisse statt. Sehenswert ist zudem das Freilichtmuseum – das älteste Dalarnas –, das einige aus dem Mittelalter stammende Holzbauten zeigt. Auch die Kirche aus dem 13. Jahrhundert, erbaut in der typischen Vierkantform mit zentralem Turm, lohnt einen Besuch. Im Sommer findet hier das Himlaspelet statt, ein traditionelles Mysterienspiel.

DAS MITT-
SOMMERFEST

Für die Bewohner eines Landes, das so weit in den Norden reicht und das einen langen, dunklen und strengen Winter erlebt, spielt der Sommer naturgemäß eine ganz besondere Rolle. Der Sommer bringt Wärme und Licht, nun können die Menschen das Leben im Freien genießen. Keine Jahreszeit inspiriert die nordischen Dichter stärker, denn die Sonne und die blühende Landschaft bilden eine perfekte Kulisse. Die gesamte Nation richtet sich auf den Sommer ein: Die Schweden pilgern in die Wälder und an die Seen, die zahlreichen Sommerhäuschen erfüllen sich für einige Wochen mit Leben. Die Städte wirken wie leergefegt, sie bleiben nun den Touristen vorbehalten: Ein echter Schwede verbringt den Juli in seiner Hütte oder auf seinem Boot. Es ist nicht übertrieben zu sagen, dass die Schweden für den Sommer leben. Sie rechnen nicht in Jahren oder gar Wintern, denn es zählen nur die Sommer.

So feiern die Schweden am Samstag zwischen dem 20. und 26. Juni ein Volksfest der besonderen Art – das Mittsommerfest. Damit ehren sie den ersten Sommertag, der ja auch der längste des Jahres ist. Die Mittsommernacht ist die kürzeste und hellste im Jahreslauf, daher symbolisiert sie drei Dinge: das Licht, das die Nacht überdauert, die Pflanzen, die aus der Erde sprießen, und das Leben, das der Sommer hervorbringt.

Diese Feiern halten zugleich zahlreiche Bräuche lebendig, so zum Beispiel das Aufstellen des Maibaums, der hier »majstang« heißt. Dieser Brauch geht auf die Hansezeit zurück, in der viele deutsche Kaufleute nach Schweden kamen. In Mitteleuropa reichen die Wurzeln des Maibaumfeierns bis in die Römerzeit zurück. Doch anders als in Deutschland oder Österreich stellt man den Baum in Schweden nicht am 1. Mai, sondern zum Mittsommerfest auf. Der Grund dafür liegt auf der Hand: Im kühlen Norden tragen die Bäume am 1. Mai noch nicht genug Laub, und die Blumen sind noch nicht erblüht – so kann man den Maibaum noch nicht schmücken. Also warteten die Schweden die wärmere Jahreszeit ab und machten den Maibaum zum Mittsommerbaum. Der Name hat übrigens gar nichts mit unserem Wonnemonat zu tun: »Majen« heißt auf Schwedisch, etwas mit grünen Zweigen und Laub zu schmücken.

Anfangs feierten nur die Stadtmenschen den Mittsommer, doch bald übernahm man das Fest im ganzen Land, zunächst auf den Gutshöfen und Schlössern, später auch in den Dörfern. Hier war es zunächst eine Veranstaltung der Dienstboten. Untrennbar mit dem Fest verbunden war und ist der Blumenkranz, den die unverheirateten Mädchen tragen. Dazu pflücken sie verschiedene Blumen und flechten sie kunstvoll zu einem Kranz. In der Nacht nach dem Fest legen sie den Kranz unter das Kopfkissen: Im Traum erfahren sie so der Überlieferung nach, welchen Mann das Schicksal für sie bestimmt hat. Auch der Tau dieser Nacht soll wundersame Kraft haben.

Heute ist das Mittsommerfest im Siljangebiet vor allem auch eine Veranstaltung für schwedische Touristen: Aus allen Landesteilen kommen sie

Mittsommer bedeutet gelebtes Brauchtum: Alles hat traditionelle Bedeutung, vom Aufstellen des so genannten Maibaumes bis zu den traditionellen Trachten und Blumenkränzen der Menschen.

hierher, um die ausgelassene Stimmung und das traditionelle Feiern mitzuerleben. Am Nachmittag beginnt das Fest mit dem Schmücken des Baumes. Fleißige Hände binden Wiesenblumen und frische Birkenzweige zu Kränzen, Ringen und Kugeln. Haus und Hof, Kirchen, Tanzböden und Versammlungssäle erhalten einen Schmuck aus Birkenzweigen. Kräftige Männer hieven dann den Maibaum unter lautstarken »Höj«-Rufen in die Höhe.

Steht der Baum, führen die Mitwirkenden Reigentänze und Tanzspiele auf, bis sich schließlich die versammelte Schar in das fröhliche Treiben einreiht. Ebenso traditionell wird der Mittsommertisch gedeckt: Es gibt süßsauren Hering, Berge von kött-bullar, den pikant gebratenen Fleischbällchen, Butter, Knäckebrot, Lauch, Räucherfisch und Kartoffeln. Dazu trinken die Festgäste Leichtbier, Aquavit und Kaffee. Als Nachtisch folgen frische Erdbeeren mit Eis und Sahne. Den Abschluss bildet der Mittsommergottesdienst, der entweder um Mitternacht oder auch erst am folgenden Morgen gefeiert wird.

Jede Ortschaft und jede Region hat ihren eigenen Ort, an dem traditionell das Mittsommerfest veranstaltet wird. Die meisten Stockholmer zum Beispiel fahren in den Schärengarten oder treffen sich im Freilichtmuseum von Skansen (Djurgården), während die Uppländer zu den alten Eisenhütten pilgern. Der Mittsommer ist selbst aus Lappland nicht mehr wegzudenken. In den Kirchdörfern (zum Beispiel in Fatmomakke am Kultsjön) feiern die Samen alljährlich ein ausgelassenes Mittsommerfest. Danach ziehen sie für den ganzen Sommer in die Berge.

Maler des Lichts: Anders Zorn und Carl Larsson

Kann es Zufall sein, dass die beiden bekanntesten Maler Schwedens aus Dalarna stammen? Carl Larsson wurde zwar in der Altstadt von Stockholm geboren, fand aber in Sundborn, 15 Kilometer nördlich von Falun, seine Heimat. Und Anders Zorn lebte in Mora am Siljansee. Beide malten vornehmlich ländliche Motive. Aber auch Menschenporträts in Aquarelltechnik gehörten zu ihrem Repertoire, vor allem dem Carl Larssons. Er brachte zudem viele Szenen aus der idyllischen Umgebung seines Wohnortes auf die Leinwand. Noch heute sind in Sundborn sein Wohnhaus und Atelier zu besichtigen: Lieblich, fast kitschig liegt es am Seeufer inmitten eines prächtigen Gartens. Der Blick auf die Landschaft ist geradezu grandios. Larssons Haus zeugt davon, wie wichtig ihm Farbe und Detailtreue waren. Jeder Winkel im Inneren erinnert an die Kunst, sei es in Form von Bildern oder Memorabilia. Wer sich für das künstlerische Vermächtnis Carl Larssons interessiert, sollte das Museum unbedingt besuchen.

Ebenso wie Anders Zorn konnte Larsson schon zu Lebzeiten von seiner Arbeit leben. Er war als Auftragsmaler tätig, für die Familie Fürstenberg in Göteborg ebenso wie für das Nationalmuseum, dessen Wände er mit Fresken

Der Künstler Carl Larsson war ein bedeutender Vertreter der schwedischen Nationalromantik, hier ist sein Arbeitszimmer zu sehen.

Tällberg am Siljansee nahe Rättvik ist ein typisches, traditionelles Dalarna-Dorf.

schmückte. Die Plafondmalerei des Opernfoyers und des Nationaltheaters stammen ebenfalls von ihm. Diese Kunstwerke machen deutlich, wie kennzeichnend das Lichtspiel für Larssons Stil ist.

Das Licht und die Art, es bildlich festzuhalten, prägt auch das Schaffen von Anders Zorn, der zur selben Zeit in Mora tätig war. Er befasste sich vor allem mit Reflexionen, mit Lichteffekten auf Wasserflächen, nackter Haut und weißen Stoffen. Weltbekannt wurde er aber durch seine Porträts: Für ihn saßen das schwedische Königspaar ebenso wie die amerikanischen Präsidenten Grover Cleveland und William Taft vor der Leinwand, außerdem Auguste Rodin und August Strindberg. Zu seinen berühmtesten Werken gehören »Mittsommertanz« und »Unser tägliches Brot«. Beide Gemälde sind im Nationalmuseum von Stockholm zu bewundern.

ROMANZE IN ROT

Über eine Nebenstraße, die malerisch am Siljansee entlangführt, erreichen wir Tällberg. Dieses »Musterdorf« Dalarnas liegt zwischen Leksand und Rättvik. Hier zeigt es sich überdeutlich, wie verspielt die Landschaft mit ihren roten Holzhäuschen und gepflegten Gärten wirkt. Dazu strahlt der Siljansee in fast unwirklichem Blau. Der herrliche Blick über den See reicht bei klarem Wetter bis in das 50 Kilometer entfernte Gesundaberg. Hier erscheint uns Dalarna ein wenig zu perfekt – aber es bleibt stets liebenswert. Tällberg, das ist Dalarna – während eines Sommerspazierganges erleben wir hier mehr schwedische Eigenart und Tradition, Lebensfreude und Naturverbundenheit als während einer langen Reise entlang der breiten Durchgangsstraßen.

Mittsommer ist hier ein ganz besonderer Feiertag, daher ragen überall die geschmückten Maibäume in den Himmel. Tällberg erfreut sich in den letzten Jahren nicht nur bei den Touristen steigender Beliebtheit, sondern auch bei den Künstlern. Sie richteten sich hier Ateliers ein und bieten ihre Kunstwerke den zahlreichen Besuchern an.

Wer mehr über das in Dalarna heimische Handwerk lernen will, der sollte das Hotel Klockargården besuchen. Hier gibt es ein Freilichtmuseum, einen Andenkenladen und ein nettes Kaffeehaus. Im Sommer zeigen Handwerker im Garten die Kunst des Stickens, Töpferns und der Kupferverarbeitung.

DALA-HÄST – EIN BERÜHMTES HOLZPFERD

Rund um den Siljansee ist das Dala-Pferdchen zu Hause: Ein rotes Holzpferd, das so klein wie eine Streichholzschachtel oder so groß wie sein lebender Bruder sein kann. Es symbolisiert die Heimindustrie, die »Hemsjöld«, einer Region, die für ihr Kunsthandwerk aus Holz und Keramik bekannt ist. Das Dala-Pferdchen, handgeschnitzt, rot bemalt, ist Dalarnas Souvenirartikel Nummer eins. Es wird heute vor allem in Nysnäs nahe Mora gefertigt.

Etwa seit der Mitte des 19. Jahrhunderts schnitzen die Menschen hier an den langen Winterabenden Pferde und bemalen die Figuren rot mit gelben Ornamenten. Im Jahr 1912 wurde das Dalarna-Pferd als »Gast« der Weltausstellung in New York weltberühmt.

In Nusnäs nahe Mora werden die bunten Dalarna-Pferde gefertigt, die als Souvenir schwedische Tradition in alle Welt tragen.

Heute exportiert Dalarna alljährlich Millionen Holzpferde jeder Größe in aller Herren Länder. Doch auch in vielen Häusern der Region stehen die Figuren und zeugen davon, wie heimatverbunden und traditionsbewusst die Menschen hier sind.

RENNEN FÜR DEN KÖNIG – DER WASALAUF

Gustav Wasa kam im Jahre 1520 nach Dalarna, um Soldaten für den Kampf gegen die Dänen zu rekrutieren. Dabei hielt er in der Kirche von Rättvik eine flammende Rede für seine Sache. Doch die Männer Dalarnas wollten vom Krieg nichts wissen – sie hörten sich seine Rede an, folgten ihm aber nicht. In der Folge floh Gustav Wasa in Richtung Norwegen. Als bekannt wurde, dass sich auch die Stockholmer gegen die Dänen auflehnen wollten, schickte man von Mora aus zwei der besten Läufer zu Gustav. Sie holten ihn bei Sälen ein und überzeugten ihn, zurückzukehren. Damit begann der Aufstand gegen die Dänen, Gustav kehrte zurück – und er kam, sah und siegte. Er schlug die Dänen vernichtend und bestieg 1523 den schwedischen Thron. Er wurde der erfolgreichste und beliebteste König, den Schweden je gehabt hatte. An den historischen Lauf der beiden Boten erinnert noch heute das berühmteste Langlaufrennen Schwedens – der Wasalauf.

Der erste Wasalauf fand am 19. März 1922 unter dem Motto »Auf der Spur der Vorfahren für künftige Siege« statt. Mittlerweile nehmen alljährlich über 20 000 Profi- und Hobbysportler an diesem Langlaufrennen teil. Die 90 Kilometer lange Strecke führt durch die unberührten Wälder und Fjälls von Sälen nach Mora. Berühmtester Teilnehmer ist Nils Karlsson aus Mora, der den Lauf neunmal gewann.

Heute zieren Sportler aus aller Welt die prestigeträchtige Siegerliste. Unter dem olympischen Gedanken »Dabei sein ist alles« kommen alljährlich am ersten Märzsonntag Langläufer aus aller Welt nach Mora, um auf den Spuren Gustav Wasas zu wandeln. Die Teilnehmer erhalten während des Rennens an den Verpflegungsstellen die legendäre Blaubeersuppe. Dies und anderes

Wissenswerte rund um den Lauf ist im Wasalaufmuseum zu erfahren, das unmittelbar neben der Ziellinie steht.

FALU-RÖD, DIE NATIONALFARBE SCHWEDENS

Falun, die Hauptstadt der Provinz Dalarna, empfängt den Besucher mit dem speziellen Flair eines alten, traditionsreichen Bergbauorts. Die größten Sehenswürdigkeiten hier sind die große Erzgrube und die berühmte Skisprungschanze am Lugnet. Sie begründen Faluns Motto »55 Meter unter und 55 Meter über der Erde«, mit dem Falun Besucher lockt. Die ehemalige Residenzstadt ist stolz darauf, sechs der zehn beliebtesten Sehenswürdig-

keiten Schwedens auf ihrem Gebiet zu haben – Stora-Museum, Kupferbergwerk, Dalarna-Museum, Stadig-Haus, Karl Larssons Porträtsammlung.

Die Geschichte Faluns ist eng verwoben mit Schicksal und Erfolg der Eisenhütte. Die umfangreichen Kupfervorkommen der Region kannten schon die Wikinger. Bereits im Jahr 1288 errichtete die Firma *Stora* – das älteste Unternehmen Schwedens – hier eine Grube, die sich im 17. Jahrhundert zum größten Kupferbergwerk der Welt auswuchs. Sie ermöglichte Schweden den Aufschwung zur Großmacht, denn die reiche Kupferausbeute bildete das Rückgrat der Wirtschaft, finanzierte kostspielige Bauvorhaben und die militärische Aufrüstung.

Doch 1687 brach das System buchstäblich zusammen: Das Bergwerk

Einer der berühmtesten Wintersportwettbewerbe weltweit ist der Wasalauf. Er führt von Sälen nach Mora.

Das Erz Faluns lebt aber in einem Produkt weiter – dem »Falu-röd«. Wer in Schweden etwas auf sein Haus hält – und das sind praktisch alle –, streicht es mit dieser Farbe, deren Grundstoff während der Kupfererzeugung abfällt. Falu-röd besteht aus Pigmenten, die aus Resterzen der alten Faluner Grube stammen. Dabei wird eine so genannte Schlämmfarbe hergestellt. Diese ist wasserabweisend, aber dennoch atmungsaktiv. Zudem schützt sie vor Fäulnis und Schimmelbildung.

Ein Anstrich mit Falun-röd hält über 15 Jahre und er blättert auch später nicht ab, denn die Farbe enthält das Bindemittel Leinöl. Obwohl das Bergwerk nicht mehr in Betrieb ist, wird das Falu-röd noch immer in großen Mengen produziert.

Falu-röd hält die Bergbautradition von Dalarna noch heute am Leben.

stürzte, unterhöhlt von zahlreichen im blinden Erschließungswahn gegrabenen Stollen, in sich zusammen. Zurück blieb die riesige Grube am südlichen Stadtrand, in der aber weiterhin gearbeitet wurde.

Am 8. Dezember 1992 folgte dann das endgültige Aus – das Bergwerk schloss seine Pforten. Damit endete auch die 1000-jährige Bergbautradition Faluns. Heute gehört die Erzgrube nach wie vor zu den Besuchermagneten der Stadt: Der Rundgang entlang des riesigen Kraters ist jederzeit möglich, doch die Stollen stehen Besuchern nur im Rahmen von Führungen offen. Ein Fahrstuhl bringt uns 55 Meter unter Tag zu den Abbauräumen wie dem Creutzschacht oder dem »Allmänna freden-Raum« – hier arbeiteten die Bergleute vom 19. bis ins 20. Jahrhundert.

Die Erzgrube von Falun reißt ein gigantisches Loch in den Boden.

Wege in den Norden

Das Fjäll erstrahlt im Glanz der Sommersonne. Die einzigen Zeichen menschlicher Zivilisation zeigen sich entlang der Pfade, die hinauf in die Berge führen. Der Ruf des Blaukehlchens durchdringt den Birkenwald. Ansonsten herrscht Stille. Nur der Wind säuselt leise durch die Weidenröschen …

Nördlich von Östersund beginnen die Fjälls, die den hohen Norden kennzeichnen. Diese Sami-Schutzhütte ist am Marsfjäll zu finden.

VON HIER AN WIRD ES MENSCHENLEER

Im Norden weichen die Wälder Dalarnas unvermittelt den bergigen Provinzen Härjedalen und Jämtland. Hier ist bereits der raue Atem Lapplands zu spüren. Härjedalen ist die am dünnsten besiedelte Provinz Schwedens – statistisch betrachtet lebt hier nur ein Mensch je Quadratkilometer. Das Land ist durchzogen von einsamen Flusstälern, bedeckt von endlosen Nadel- und Birkenwäldern und großartigen Fjälls. Jämtland bildet bereits den Übergang zu Lappland. Seine Landschaft ist geprägt von schäumenden Wasserfällen, tiefen Canyons und weiten Hochfjälls. Im Sommer erblühen hier die bunten Bergblumen.

JÄMTLAND UND HÄRJEDALEN

Härjedalen und Jämtland schließen sich nördlich an Dalarna an. Hier liegt eine spürbare Stille über dem Land, denn wir finden nur einsame Fjälls und Wälder. Siedlungen sind nur sporadisch dazwischengestreut, zum Beispiel Sveg, der Hauptort Härjedalens, oder Östersund, das Handelszentrum Jämtlands. Außerhalb der wenigen Orte erstrecken sich endlos scheinende Nadel- und Birkenwälder und die ersten Fjäll-Landschaften, zum Beispiel das Fulufjäll, das Helagsfjäll oder die Hochebenen rund um Vålådalen. Hin und wieder erreichen wir aber noch liebliche Täler wie Vemdalen oder Klövsjö, wo sich Wiesen, Felder und kleine Bauerndörfer finden. Ausgrabungen und prähistorische Funde in der Region rund um Klövsjö ergaben, dass dieses Tal schon vor 8000 Jahren bewohnt war. Der romantische Ort, der sich auf den sonnenreichen Wiesenterrassen oberhalb des Klövsjön ausbreitet, hält den Titel »Schönstes Dorf Schwedens«.

Klövsjö nahe Vemdalen wird gerne als schönstes Dorf Schwedens bezeichnet. Die blühenden Wiesen bestätigen das deutlich.

Ein typischer Nordlandhof aus dem 16. Jahrhundert beherbergt heute das sehenswerte Heimatmuseum Tomtangården. Bis 1963 wohnten hier noch Menschen. Der berühmte Forscher Carl von Linné erkundete Härjedalen als Erster. Er bezeichnete die Fjällgebiete als »Jungbrunnen für seine Seele«. Und damit hatte er Recht: Blühende Orchideenwiesen, Herden von Moschusochsen, unberührte Wälder, bizarre Eiszeitformationen, aber auch Relikte aus der Eisenzeit und Höhlenmalereien machen die Fjälls zu einem faszinierenden Landstrich.

Die Geschichte der Provinz lässt sich am besten im Fjällmuseum in Funäsdalen studieren, das eine einzigartige Sammlung zeigt und sich zudem mit dem Leben der Samen befasst. Ein ganz besonderes Naturerlebnis verspricht uns der Sånfjället-Nationalpark nahe Hedviken. Dieser 1910 eingerichtete Park umfasst eine bizarre Landschaft aus mit Geröll übersäten Bergkuppen. Neben Luchs, Vielfraß, Biber und Fischotter lebt hier auch eine größere Braunbärenpopulation.

Die Geschichte Jämtlands verlief dagegen überaus wechselvoll: Es gehörte bis in das 11. Jahrhundert zu Norwegen und erlebte die folgenden Jahrhunderte ständig wechselnde Herrscher aus Schweden und Norwegen. Seine reichen Vorkommen von Fisch und Wild machten es überaus beliebt, daraus entwickelte sich bald ein reger Handel.

Die 4000 Jahre alten Felszeichnungen von Ruänden zeugen davon, dass hier schon in der Steinzeit Menschen lebten. Ausgedehnte Wälder, karge Fjälls, Sümpfe und Gipfel prägen diese schon fast arktische Landschaft.

Das Touristenbüro von Östersund gibt wertvolle Infos auf dem Weg in den Norden.

LEBEN IN DER WILDNIS

Erreicht der Nordlandfahrer Östersund, meint er, er wäre schon fast in Lappland. Doch dieser Eindruck täuscht: Östersund markiert fast die geografische Mitte Schwedens – von den lieblichen Landschaften Skånes ist man hier ebenso weit entfernt wie vom Torneträsk im hohen Norden. Dennoch gilt Östersund als das Tor zu Lappland – denn je weiter man von hier aus in den Norden kommt, desto spärlicher wird die Besiedlung.

Der Ort ist zudem die wirtschaftliche Drehscheibe im nördlicheren Schweden. 1786 hatte Gustav III. die Stadt als Verkehrsknotenpunkt gegründet. Das ist sie noch heute, denn hier zweigen die Straßen nach Kiruna im Norden und in das norwegische Trondheim im Westen ab.

Mit dem Bau der Eisenbahn im 19. Jahrhundert blühte Östersund auf.

Seine verhältnismäßig warmen Sommer lockten Künstler, Gaukler und Akrobaten in die Stadt, welche die neuen Cafés und Wirtshäuser mit einem bunten und fröhlichen Treiben erfüllten. Zur Erinnerung an diese Zeit findet alljährlich im Juli das sehenswerte Storsjöyran, ein Fest der Straßenmusikanten, statt. Zudem lohnt die Innenstadt mit ihrem Holztheater von 1884, dem ehemaligen Guttemplerhaus und dem mächtigen Rathaus von 1912 einen Besuch. Die von teils 100-jährigen Bürgerhäusern gesäumte Fußgängerzone lädt uns zum Flanieren und Shoppen ein, danach machen wir in einem der netten Cafés Rast. Großstadtflair ist hier nicht viel zu spüren, und man kann sich des Eindrucks nicht erwehren, hier solle alles vor allem nützlich sein. So füllen wir hier noch einmal die Vorräte auf und treten die lange Fahrt in den Norden an.

Bald erreichen wir das Freilichtmuseum Jämtli. Diese nach neuesten pädagogischen Erkenntnissen erbaute

Anlage präsentiert die Geschichte Jämtlands von den Anfängen bis zum heutigen Leben der Samen. Zudem widmet es sich dem schwedischen Alltagsleben der verschiedenen Epochen. Neben dem Haupthaus, das aufwändige Dioramen und Multivisionsschauen zeigt, sind auf dem Freigelände 60 historische Häuser und Höfe zu bewundern.

Im Sommer beleben Menschen in Originaltrachten die Szenerie, sie backen Brot und Kekse, veranstalten Spiele für Kinder, bieten Waffeln mit Erdbeermarmelade an oder laden zu Kutschenfahrten durch das Dorf.

Die Insel Frösön im Storsjönsee ist Sonnengarten und Kornkammer der Region um Östersund. Nur ein schmaler Wasserstreifen trennt die Insel vom Festland. Hier siedelten sich bereits in der Bronzezeit die ersten Menschen an. Sie nannten das fruchtbare Eiland nach Fröja, dem germanischen Gott der Fruchtbarkeit, und errichteten bald einen Thingplatz.

Lange vor der Gründung Östersunds spielte Fröja wegen seines milden Klimas eine bedeutende Rolle: Wir finden hier Schwedens ältesten Runenstein, der von der christlichen Missionierung um 1050 berichtet, sowie die

Kirche von Frösön, unter der man bei Grabungsarbeiten Knochen von Bär, Wildschwein, Ziege und Hirsch fand. Sie stammten offensichtlich von heidnischen Opfergaben. Am Öneberg finden sich Ruinen der Mjälleburg aus dem Jahre 400 sowie einige eisenzeitliche Gräber.

Den schönsten Blick auf Östersund und seine Umgebung genießt man vom Aussichtsturm Frösötornet, der den höchsten Punkt des Östberges ziert (486 Meter über dem Meeresniveau). Bei gutem Wetter sieht man von hier bis zum Åreskutan und zum norwegischen Grenzgebirge.

94   **Die Insel Frösön nahe Östersund im Storsjön wird im Gegensatz zum Umland von wogenden Weizenfeldern geprägt.**

DAS UNGEHEUER IM STORSJÖN

Im Storsjönsee haust der Sage nach ein Ungeheuer, das der berühmten Nessie gleicht. Ebenso wie sein schottischer Artgenosse wird es von Zeit zu Zeit gesichtet. Besonders in der Dunkelheit und bei Nebel, so heißt es, tauche das »Storsjödjuret« auf – also dann, wenn das Fabelwesen am schwersten auszumachen ist. Als Erster erblickte der Pfarrer Mogens Pedersen aus Herdal das Untier, er brachte seine Beobachtungen 1635 zu Pa-

pier: Dieser Sage nach brauten zu dieser Zeit zwei Hexen am Ufer des Storsjön einen Zaubertrank. Als der Trank schon viele Jahre gebrodelt hatte, gab es plötzlich einen Knall: Eine gar wunderliche schwarze Schlange habe sich aus dem Kessel geschlängelt und sei in den Tiefen des Sees verschwunden. Mittlerweile soll das Ungeheuer so groß sein, dass es sich rund um die Insel Frösön windet und selbst in den Schwanz beißt. Das Fabeltier ist mittlerweile eine veritable Touristenattraktion, das man von mehreren Beobachtungsposten am Ufer suchen kann. Einer davon befindet sich am Hoverberg an der Südspitze des Storsjöns. Hier kann man einen Aussichtsturm erklimmen, um den sich ein hölzernes Storsjödjuret windet. Im Jämtli ist übrigens eine Dokumentation samt Eiern und einem Embryo des Storsjön-Ungeheuers zu bewundern – natürlich ist das nicht ganz ernst gemeint.

ÅRE – DIE MACHT DES SKISPORTS

Åre ist der bekannteste und größte Wintersportort Jämtlands, er liegt unmittelbar an der E14, die Östersund und Trondheim verbindet. Diese eindrucksvolle Landschaft ist mit Ausnahme des Tals, das vom Storsjön westwärts bis zur norwegischen Grenze reicht, praktisch unbewohnt. Wer die traumhaften Fjälls und die waldreichen Täler durchwandert, erlebt die Natur hautnah.

Nur im mondänen Skiort Åre gelangt man zurück in die Zivilisation – hier reihen sich moderne Nobelhotels und Hüttendörfer aneinander. Bereits

1906 erschloss die erste Seilbahn den mit 1420 Metern höchsten Berg Jämtlands, den Åreskutan. Im Sommer führen mehrere Wanderrouten auf den Berg, bei klarem Wetter hat man hier einen phantastischen Rundblick auf die umgebenden Fjälls und den Kallsjön. Seit 1979 bringt zudem eine moderne Großraum-Kabinenbahn die Besucher zur 1274 Meter hoch gelegenen Bergstation.

Nicht nur der Berg, auch die Ortschaft lohnt einen Besuch. Das turmlose romanische Steinkirchlein von Åre, »gamla kyrka« lag einst am traditionsreichen Olavs-Pilgerweg, der durch das Tal nach Trondheim führte. Im Inneren des Gotteshauses steht eine mittelalterliche Olavsstatue, deren Krone vor langer Zeit verloren ging. Im 18. Jahrhundert setzte man ihr kurioserweise einen Karolinerhut auf. Nur wenige Kilometer westlich der Kirche führt eine Seitenstraße zum Tännfossen, einem 60 Meter breiten und 32 Meter hohen Wasserfall. Er ist über einen recht gemütlichen Wanderweg zugänglich.

An der Grenze zu Norwegen erreichen wir Storlien. Dieses Fjälldorf lockt mit einer herrlichen Landschaft, die sommers wie winters unvergessliche Naturerlebnisse bietet. Das hat sich bis in den Königspalast herumgesprochen: Die schwedische Königsfamilie verbringt ihren Skiurlaub alljährlich in der Fjällstation. Die beste Möglichkeit für eine kurze Erkundungstour bietet der »Blomsterstigen«, der königliche Blumenweg. Er führt von der Königshütte über die Skurdalshöjden mitten ins Fjäll.

Auch der kleine Ort Handöl, der etwa 10 Kilometer östlich von Storlien

liegt, lohnt einen Abstecher. Nachdem wir den sehenswerten Wasserfall besucht haben, machen wir uns daran, die Geschichte der Karolinertruppe des Königs Karl XII. zu erkunden. Sie steht für eines der schlimmsten Debakel, das Schweden je erlebt hat: Im Jahr 1719, zur Zeit der großen Nordischen Kriege, musste die Truppe sich nicht etwa dem Feind, sondern den heftigen Schneestürmen geschlagen geben. Dabei erfroren 3750 Soldaten und 7000 Pferde – die Knochen fand man noch Jahrzehnte später im ganzen Fjäll. 2000 Überlebende konnten sich nach Handöl retten, doch 1000 von ihnen verhungerten hier elend.

Südlich von Åre gelangen wir zum atemberaubend schönen Fjäll von Vålådalen, das sich weniger harsch präsentiert als die Fjälls rund um Handöl.

Weitläufige Moore und Birkenwälder bedecken das Tal, erst später folgen die baumfreien Fjälls. Seit 1924 gibt es hier eine Touristenstation, die seither Wanderern, Langläufern und Skifahrern Unterkunft bietet. Ein Leckerbissen nicht nur für Naturfreunde ist das naturkundliche Museum »Vålådalens Naturum«, das sehr eindrucksvoll die Tier- und Pflanzenwelt der Berge vorstellt. Im »Erlebnisraum« genießen wir inmitten einer nachgebildeten Landschaft die Stimmen und Stimmungen der Natur.

Von Vålådalen führen zahlreiche Wanderrouten nach Sylarna und zum Helagsfjäll, wir können aber auch Tagestouren zu dem beeindruckenden Felsmonolith Kyrkstenen oder zum einsamen, türkisblauen Blanktjärnsee machen.

Vom Åreskutan bietet sich eine atemberaubende Aussicht auf die weite Landschaft.

VILDMARKSVÄGEN UND VINDELFJÄLL

Eine der schönsten Routen Schwedens führt von Strömsund an der E4 durch die atemberaubende Landschaft nach Westen. Hier spüren wir bereits Lappland, nicht nur, weil die Straße, der Vildmarksvägen, im Nordwesten bereits diese größte Provinz Schwedens erreicht. Hinter jeder Biegung bieten sich neue Eindrücke und Sehenswürdigkeiten, so dass uns während der 500 Kilometer langen Strecke nie langweilig wird: Dunkelblaue, spiegelnde Seen wechseln mit flechtenbehangenen Fichtenwäldern und steilen, felsigen Gebirgsflanken. Dazwischen murmeln kleine Bäche und neigen sich sanfte Hänge – dies ist die letzte Kulturlandschaft Schwedens.

Im Sommer säumen hüfthoch wuchernde Kräuter wie der Nördliche Eisenhut oder das flammend rote Weidenröschen die Wege und Seen. Wir nehmen die Stichstraße zur längsten wasserführenden Schlucht Europas: Hier stürzt der Hällingsåfallet schäumend 43 Meter in die Tiefe. Die Wände der Schlucht sind bis zu 60 Meter hoch. Nun geht es nach Gäddede, dem Hauptort am Wildmarksweg. Hier zeichnen sich am Horizont bereits die Frostvikberge ab.

Diese Nähe zu Norwegen ermutigte Menschen auf beiden Seiten der Grenze seit jeher, zwischen den Ländern hin und her zu pendeln. Davon zeugt auch die 1793 erbaute Kapelle von Viken – ein Besuch lohnt sich auf jeden Fall. Die schönste Sehenswürdigkeit entlang der Route sind aber die samischen Kirchdörfer: Ankarede, das nur 40 Kilometer von Gäddede entfernt liegt, und Fatmomakke am Kultsjön.

Nach Ankarede kommen die Frostviken-Samen in eine schlichte Kirche,

Der Hällingsåfallet ist 43 Meter hoch.

die aus dem Jahr 1896 stammt. Hier treffen sich vor allem zum Mittsommerfest und im Herbst norwegische und schwedische Samen.

Fatmomakke besteht hauptsächlich aus Langenkåten, den traditionellen hölzernen Behausungen der Samen. Diese liegen bunt verstreut inmitten der Wälder.

Im Sommer schmücken rot blühende Weidenröschen die Ufer des Kultsjön mit flammenden Farben.

Nicht weit von Ankarede besuchen wir Schwedens längste Grotte. Sie wurde erst 1985 entdeckt. Diese sechs Kilometer lange Korallengrotte wurde über Jahrtausende hinweg aus dem Kalkstein gewaschen. Ihre fossilen Wasserfälle und bizarren Tropfsteine sind wunderbar anzusehen. Nur einen Steinwurf weiter lädt das Naturreservat Bjuraälven zu einer kleinen Wanderung. So durchstreifen wir die von Wasser und Eis geformte, karstige Landschaft, bevor wir weiterfahren.

Wer die Reise fortsetzt, gelangt bald in die Kahlberge rund um Stekenjokk. Bis spät in den Juni hinein liegt hier, in dieser von weiten Hochebenen, kargen Bergen und Mooren geprägten Landschaft, Schnee. Vom Straßenrand darf der Reisende bereits atemberaubende Blicke genießen, doch die Wanderwege übertreffen das bei weitem. Wer sich entschließt, die Gegend auf Schusters Rappen zu durchstreifen, sollte genug Zeit mitbringen: Nur so kann er die fast unwirklich anmutende Szenerie in sich aufnehmen. Später geht es hinab in das kleine traditionelle Gebirgsdorf Klimpfjäll. Wer hier übernachten will, sollte im wunderschönen Hotel Klimpfjällsgården einkehren.

Im 19. Jahrhundert brachen die Samen von hier aus nach Norwegen auf. Meist ließen die Männer ihre Frauen und Kinder zurück, um sich auf die zweiwöchige beschwerliche Wanderung zum Markt nach Trondheim zu machen. Die Familien blieben im Norgefarergården zurück, das alte Haus aus dem Jahre 1832 steht heute Besuchern offen. Bei herrlicher Aussicht auf den Kultsjön genehmigt man sich im Sommer einen Kaffee und kann allerlei Kunsthandwerk erstehen.

Etwa 15 Kilometer von Klimpfjäll entfernt führt uns ein Abstecher zum Kirchplatz Fatmomakke. Er ist einer der meistbesuchten Orte Südlapplands. Am Ufer des Kultsees entstand dieses Dorf, das noch heute über 100 Kåten zählt. Die erste Kapelle entstand hier Ende des 18. Jahrhunderts, doch sie gibt es nicht mehr. Heute steht hier eine größere Holzkirche. 1904 erlebte

Fatmomakke mit dem Mittsommerplatz ist ein uraltes Kirchdorf der Samis.

Fatmomakke seine Blüte: Die Samische Kulturgemeinschaft wurde gegründet. Sie schützt die Rechte der Samen und hat es sich zur Aufgabe gemacht, ihre Traditionen und Bräuche lebendig zu halten.

Für den Besucher ist hier viel geboten: Gemütliche Wanderwege durchqueren die Siedlung, doch bevor man den Spaziergang beginnt, sollte man den Kulturraum besuchen, der eine kleine Ausstellung zur Geschichte Fatmomakkes präsentiert.

Das Kirchdorf ist auch das Tor zum Marsfjäll, einem der schönsten Fjällgebiete Südlapplands. Nach acht Kilometern Fußmarsch erreicht man eine rote Lappenkåte. Sie ist in der weiten Hochebene das letzte Zeichen menschlicher Zivilisation.

Gegen Ende des Vildmarksvägen passiert unsere Traumstraße den Trappstegsforsen, einen der schönsten Wasserfälle Schwedens. Er bildet gleichsam den Höhe- und den Schlusspunkt unserer abenteuerlichen Fahrt durch die herrliche Landschaft Südlapplands. Die Wassermassen des Flusses Kultsjön ergießen sich hier über mehrere perfekt geformte Kalksteinstufen. Die silbrigen Kaskaden überwinden dabei einen Höhenunterschied von knapp 25 Metern.

Nachdem wir dieses spektakuläre Naturschauspiel ausgiebig bewundert haben, fahren wir weiter nach Vilhemina, wo unsere Tour endet. In der alten Kirchenstadt besuchen wir das sehenswerte Lappenmuseum, ehe wir die Region über die E 4 verlassen.

UNTERWEGS INS VINDELFJÄLL

Etwas nördlicher lohnt es sich, die Strecke nach Tärnaby und ins Vindelfjäll zu nehmen, die auch »Blå Vägen« – »Blaue Straße« – heißt. Sie beginnt bei Storuman an der Mündung des Umeälven und führt den Reisenden durch eine eindrucksvolle Landschaft, die einige riesige Naturparks beheimatet, etwa den Vindelfjället und den Artfjället nördlich von Hemavan. Etwa 80 Kilometer vor der norwegischen Grenze erreicht die »Blaue Straße« Tärnaby, einen der bekanntesten schwedischen Skiorte. Tärnaby ist zudem die Heimat Ingemar Stenmarks. Auf den Hängen am Laxfjäll lernten aber auch andere schwedische Skirennläufer wie Stig Strand oder Anja Pärsson das Skifahren.

Im Tal kommen die Langläufer auf ihre Kosten, denn im Winter werden hier etliche Kilometer Langlaufloipen gespurt. Sehenswert ist auch das Alpinarium, das sich der ruhmreichen Geschichte des Slalomclubs Fjällvinden verschrieben hat.

Der Sommer gehört in Tärnaby den Wanderern, die die Bergwelt des Lax- und Vindelfjället erkunden. Wer etwas über die Kultur der Samen erfahren möchte, sollte den östlich von Tärnaby gelegenen Samegården besuchen. Hier sind alte Lappenzelte aufgebaut, in denen man viel über das traditionelle Leben der Einheimischen lernen kann.

Nun geht es weiter in den Wintersportort Hemavan, der etwas nördlich von Tärnaby liegt. Seine Kabinenseilbahn führt uns direkt in die Berge – von oben genießt man den herrlichen

Uneingeschränkter König der nordischen Wälder ist der Elch.

Rundblick oder wandert ins Fjäll, zum Beispiel zum für seine landschaftlichen Reize berühmten Kungsleden.

Der 1974 gegründete Nationalpark Vindelfjället ist das größte Naturreservat Schwedens – er ist sogar größer als Sarek, Padjelanta und Stora Sjöfallet zusammen. Der Vindelfjället umfasst alle für das Fjäll typischen Landschaften: Nadelurwälder, Fjällbirkenwälder, Zwergstrauchheide, alpine Moore und kahle Geröllhalden. Zudem findet sich hier eine artenreiche Flora, die zahlreichen Tieren Nahrung gibt. Im Sommer durchstreifen riesige Rentierherden das Vindelfjället.

Die höchste Berg des Parks ist der 1767 Meter hohe Sytertoppen, der sich westlich des Sees Tärnasjön erhebt. Die zahlreichen Gewässer sind wohl das eindrucksvollste Merkmal dieser Landschaft. Von der »Blauen Straße«, die das Schutzgebiet durchquert, bieten sich eindrucksvolle Blicke über die Landschaft, die sich nordwärts bis zu dem Fjälldorf Ammarnäs fortsetzt.

VON ELCHEN UND MÜCKEN

In Mitteleuropa ist er längst ausgestorben, doch in Schweden avancierte der Elch gar zum Wappentier: Die Elchpopulation stieg in den letzten Jahrzehnten sprunghaft an. Mancherorts gerieten die Tiere gar zur Landplage, da sie die Waldkulturen erheblich schädigten. Obwohl es so viele von ihnen gibt, sind Elche nicht leicht zu erspähen: Sie sind äußerst scheu und ziehen sich bei der geringsten Störung ins Dickicht zurück.

Weniger selten begegnet man Lapplands Mücken, die allsommerlich in riesigen Schwärmen über alle Lebewesen herfallen. Sie folgen dabei einem typisch nordischen Prinzip, denn in den unwirtlichen Regionen oberhalb des Polarkreises ist nur wenig Zeit, für Nachwuchs zu sorgen. Ebenso wie die Pflanzen, Schmetterlinge oder Lemminge treten die Mücken im Sommer in riesiger Zahl auf. Zur Beruhigung sei gesagt, dass die Stechtiere in Richtung Süden und zur Küste hin weniger werden: Sie bevorzugen die lappländischen Gefilde mit ihren ausgedehnten Wäldern und Mooren. Und nach dem ersten Frost ist der Spuk vorbei.

DAS ERBE DER HOLZBARONE

Sundsvall an der Bottenhavetküste heißt auch die »kleine Großstadt« oder »die Stadt zwischen zwei Bergen und dem Meer«. Diese zweitgrößte Stadt Nordschwedens wirkt ganz und gar nicht schwedisch, denn sie hat

ein »Herz aus Stein«: Das bedeutet nichts anderes, als dass die Bürgerhäuser im Zentrum gänzlich aus Ziegeln erbaut wurden. Schon 1621 hatte Gustav II. Adolf die Stadt gegründet, doch blieb sie trotz ihrer bevorzugten Lage am Alnösund lange Zeit unbedeutend. Erst 1849 begann mit dem Bau einer dampfbetriebenen Säge der Aufschwung. In der Folge siedelten sich über 40 Sägewerke in Sundsvall an.

Reiche Unternehmer, die so genannten Holzbarone, beherrschten die Stadt bald völlig. Ihr aufwändiger Lebensstil sprach sich im ganzen Land herum – dieser war 1879 auch Anlass des ersten Streiks in Schweden: 5000 Holzarbeiter kämpften (vergeblich)

für mehr Lohn und bessere Arbeitsbedingungen. 1888 brannte die Stadt vollständig ab, doch man konnte es sich leisten, innerhalb kurzer Zeit alle Häuser aus Stein wieder aufzubauen. Der Stockholmer Stadtteil Östermalm diente den Bauherren als Vorbild, zusätzlich ließen sie sich vom Baustil Mitteleuropas inspirieren.

1927 schloss die Straßenverbindung nach Stockholm Sundsvall an das südliche Schweden an und in der Folge wuchs der Ort zu einer modernen Handels- und Universitätsstadt. Bei einem Stadtbummel entdecken wir, dass Sundvalls »Herz aus Stein« nicht kalt, sondern sehr warm und freundlich ist: Seine Boutiquen, Galerien, Cafés und

Sundsvall präsentiert sich dem Besucher mit seinen steinernen Bürgerhäusern als geradezu mondäne Stadt.

Der Rathausplatz von Sundsvall

lebhaften Plätze laden vor allem im Sommer zum Verweilen ein. Im historischen Stadtkern begeistern uns vor allem die prunkvollen Bürgerhäuser entlang der Storgatan, die den Hafen mit der Gustav-Adolfs-Kirche verbindet. Das bekannteste Gebäude der Stadt ist das mondäne Hotel Knaust (Storgatan 13), das die Verschwendungssucht der Holzbarone deutlich macht. Im Inneren sticht sofort die Treppe aus Carraramarmor ins Auge. In den oberen Stockwerken residiert heute das schwedische Patentamt.

Etwas westlich gruppieren sich um den Stadtpark Esplanaden die quadratisch angelegten Wohnviertel. Dahinter erreichen wir den Stortorget – dieser ehemalige See wurde trockengelegt und in Bauland umgewandelt. Er bildet das Zentrum der Stadt. Um ihn herum finden sich das Rådhuset (Rathaus), das Hirschhaus und mehrere Kaufhäuser. In der Mitte des Platzes erinnert eine Statue an den Stadtgründer Gustav II. Adolf. Ebenfalls prunkvoll ist der Stadtpalast Hedbergska-

huset, den der Architekt Gustaf Hermansson in der Kyrkogatan als Privathaus und Kontor für den Holzbaron J. A. Hedberg errichtete. Die erlesenen Mosaikfußböden, Deckenmalereien, Schmiedeeisen- und Glasarbeiten zeugen vom Reichtum der Wirtschaftsmagnaten dieser Zeit.

Am Hafen erreichen wir das Kulturmagasinet, das neue Wahrzeichen der Stadt. Es entstand aus alten fünfstöckigen Lagerhäusern, die frisch renoviert und durch ein gemeinsames Dach und Glasfassaden verbunden zu Norrlands größtem Kulturzentrum wurden. Hier ist auch das Sundsvallmuseum mit seinen naturkundlichen Sammlungen untergebracht.

Wer nach Sundsvall reist, sollte in der ersten Juliwoche kommen: Dann verwandelt sich die Innenstadt rund um die Storgatan zu einem großen Festplatz: Sundsvall steht ganz im Zeichen des »Sundsvall-Festen«, des größten Straßenfests von Norrland. Tausende

Besucher, Umzüge und Musikveranstaltungen tauchen dann die Stadt in das Flair des nordischen Karnevals.

Von Sundsvall geht die Reise weiter in Richtung Süden. Bald erreichen wir die 1582 gegründete Hafenstadt Hudiksvall. Sie ist heute die Hauptstadt der Provinz Hälsingland. Der malerische Ort empfängt den Gast fröhlich und unbeschwert – so wie er es seit dem 19. Jahrhundert tut. Damals lebten die unternehmungslustigen Holzbarone hier in Saus und Braus. Die gemütlichen Gassen mit den einladenden Lokalen waren der Dreh- und Angelpunkt des gesellschaftlichen Lebens. Die Gastfreundschaft Hudiksvalls ist seither geradezu sprichwörtlich.

Die Holzbarone ließen sich rund um die Storgatan prachtvolle Villen errichten, und auch die Häuser der Handwerksmeister standen diesen in nichts nach. Im Handverksgården in der Storgatan 44 befindet sich zum Beispiel

Die alten Bootshütten schmücken den Innenhafen von Hudiksvall.

Diese idyllischen Holzhäuschen sind in Gamla Gävle, dem historischen Stadtkern von Gävle, zu finden.

eine der schönsten Apotheken des Landes. Der Innenstadtkern rund um den Kanal und die Lilla Kyrkogatan aber gehörte den Fischern. Hier sind heute noch die alten Holzhäuser der ehemaligen Fischerstadt zu bewundern – sie zählen zu den schönsten und besterhaltenen Holzbauten Schwedens. Aus diesem Grund gehört die Stadt heute zu den zwölf historischen Holzstädten.

Auch die idyllische Hafenanlage unmittelbar im Stadtzentrum lohnt einen Besuch. Hier fallen vor allem die hölzernen, rot getünchten Speicher- und Bootshäuser ins Auge. Sie stehen in zwei Reihen entlang des Strömmingssundes und beherbergen heute Boutiquen und Kunsthandwerksstätten. Nicht nur die Stadt selbst, auch ihr Umland ist wunderschön: Die Schä-

renküste rund um Hudiksvall gehört zu den schönsten Küstenabschnitten Nordschwedens.

Zu Beginn des 20. Jahrhunderts gab es hier mehr als 50 Fischerdörfer, die heute Feriendomizile und Jachthäfen beherbergen.

MONDÄNES GÄVLE

Knapp oberhalb von Uppsala gelangen wir in das mondäne, lebhafte Städtchen Gävle. Es verdankt es der Laune der Bürokratie, dass es zum Norrland gehört. Eine großzügige Esplanade, an deren Enden das Rathaus und ein Theater liegen, beherrscht das Stadtbild. Dazwischen breiten sich Parks und Cafés aus, die uns zum Fla-

nieren und Schlemmen einladen. Links und rechts davon erstrecken sich moderne Einkaufsmeilen mit beeindruckenden Glasfassaden.

Diese 1446 gegründete Stadt war lange die größte nördlich von Stockholm und somit ein wichtiges Zentrum des Nordlandes. Als Verwaltungszentrum von Gästrigland bzw. Gävleborgs Län beherbergt Gävle viele Industriebetriebe und den fünftgrößten Hafen des Landes. Nach einem Brand 1869 wurde das beinahe vollständig zerstörte Stadtgebiet wieder neu aufgebaut.

Der rechtwinklige Grundriss und die breiten Boulevards entstanden im Zuge des Neubaus. Als reizvoller Kontrast dazu lassen sich heute noch einige Gässchen der Altstadt mit bunten, romantischen Holzhäuschen und Kopfsteinpflaster bewundern.

103

Die letzte Wildnis Europas

Das Land der Mitternachtssonne ist so schön, dass man kaum Worte findet, es zu beschreiben. Es ist die letzte Wildnis Europas, denn die unendlichen Fjälls sind fast menschenleer. Sie bieten den wilden Tieren und Pflanzen noch ausgiebig Raum, um sich ungestört zu entfalten.

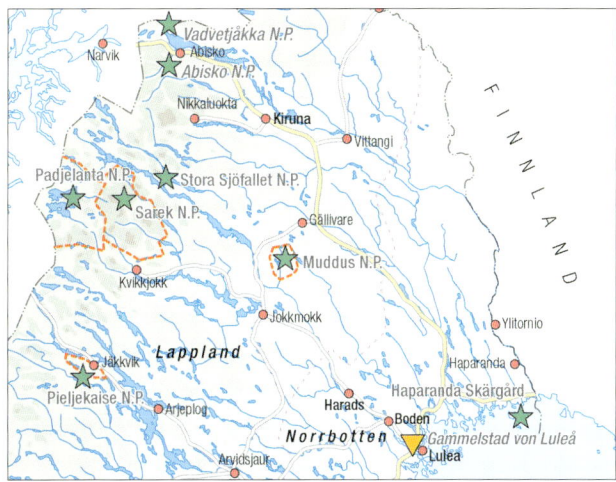

Der Padjelanta-Nationalpark bildet mit dem Sarek eines der letzten großen Wildnisgebiete Europas.

EINSAMKEIT BEGEGNET STILLE

Die meisten Menschen setzen Nordschweden mit Lappland gleich, denn das ist nicht nur die größte, sondern auch die nördlichste und unberührteste Provinz des Landes. Die letzte Wildnis Europas lockt uns mit dem Ruf des echten Abenteuers und dem Licht der Mitternachtssonne. Sie ist die Heimat der Samen, der Rentiere, der Fjälls, der Bären sowie der Nationalparks Sarek, Padjelanta oder Abisko.

Einsame Hochgebirgslandschaften, die nur über Weitwanderwege wie den berühmten Kungsleden zugänglich sind, ausgedehnte Wälder, endlose Moore, rauschende Flüsse, karge Fjälls und zauberhafte, blumenbestandene Täler laden zum Träumen ein.

LAND ZWISCHEN LICHT UND FINSTERNIS

Viele Ortsnamen in Lappland, zum Beispiel Arjeplog, Arvidsjaur, Jokkmokk oder Kvikkjokk zeugen von der samischen Besiedlung des Landes. Die Einheimischen richteten diese Orte als Sommer- oder Winterlager ein, in denen sie ihre Rentiere zusammentrieben und verkauften. Auch wenn Lappland inzwischen erschlossen wird und sogar einige Kraftwerke erbaut wurden, bleibt es dennoch das Traumland jedes abenteuerhungrigen Reisenden: Nur knapp 150 000 Menschen leben hier, hier sind wir mit der Natur allein.

Beginnen wir unsere Reise in Jokkmokk, einem malerischen Ort mit für nordische Verhältnisse durchaus kleinstädtischem Charakter. Jokkmokk – ein Zentrum der Samen – liegt direkt am Polarkreis.

Die breite Birkenallee im Ort bildet mit Hauptplatz und Kirche das Zentrum. Bis zum 17. Jahrhundert diente Jokkmokk den Samen nur als Winterlager, doch ab dem 19. Jahrhundert kamen immer mehr »Südländer« – denn nun begann man, in der lappländischen Wildnis Staudämme und Kraftwerke zu bauen.

Das wichtigste Ereignis im Jahr der Samen ist der Lappenmarkt, der Ende Februar stattfindet. Seit 1605 gibt es diesen kältesten Jahrmarkt der Welt, zu dem die Menschen kamen, um Tauschgeschäfte zu machen, zu heiraten und um ihre Toten zu begraben.

Heute lockt der Markt bis zu 40 000 Menschen in die Stadt. Sie kommen,

um alles, was beweglich ist, zu kaufen und zu verkaufen.

Die größte Sehenswürdigkeit Jokkmokks ist das schwedische Fjäll- und Samenmuseum Ájtte. Diese beeindruckende Anlage erhielt ihren Namen von einem Kåtentyp der Waldsamen: Die Ájtte ist eine Vorratshütte, die auf vier Pfählen steht. Das Museum zeigt sehr lehrreiche Ausstellungen zur Kultur und zum Leben der Samen, zudem enthält es ein wissenschaftliches Archiv. Wir erfahren auch viel über die typischen Landschaften Lapplands – Wald, Fluss und Fjäll. Die Dauerausstellungen sind in den inneren Räumen des ringförmigen Gebäudes zu sehen, außen folgen die verschiedenen Wechselausstellungen.

Die bekanntesten Orte Lapplands sind aber Kiruna und Gällivare. Sie verdanken ihre Bedeutung dem hier abgebauten Eisenerz, das in die ganze Welt exportiert wird. Seit mehr als 300 Jahren bringt die »Lapplandpfeil« genannte Eisenbahn den Rohstoff nach Narvik. Diese Eisenbahnstrecke zählt zudem zu den schönsten Reiserouten Europas: Durch das Tal des Torneträsk, vorbei an der Lappenpforte bei Abisko führt sie quer durch die lappländische Bergwelt.

Die Kirche von Kiruna im Winterkleid.

Kiruna, Schwedens nördlichste Stadt, lebt ausschließlich vom Erzabbau. Der gewaltige Erzberg dominiert das Stadtbild, die Luft ist erfüllt vom lauten Rattern der Waggons der Erzbahn. Fast 1000 Arbeiter schürfen mit Hilfe modernster Technik nach Erz, wodurch eine riesige »unterirdische Stadt« entstand.

Der Name Kirunas stammt natürlich aus dem Lappischen: »Girun«, das Schneehuhn, ist heute noch im Wappen zu finden. Betrachtet man nur die Fläche, so wäre Kiruna die größte Stadt der Welt – was uns zeigt, wie riesig dieses Land ist.

Kiruna wurde um 1900 als »Stadt der Zukunft« gegründet, daher prägen geradezu bizarre Hochhäuser das Stadtbild. Ansonsten bietet Kiruna wenig außer zweckmäßigen Einkaufsläden und der hölzernen Kirche samischen Stils. Zwar kommen in letzter Zeit immer mehr Touristen in die Stadt, weil von hier die letzten Straßen in den Norden führen, doch das verbessert weder das Flair noch die Atmosphäre Kirunas.

Die Mitternachtssonne taucht die nordschwedische Natur in ein ganz besonders sanftes Licht.

Die mit den Rentieren leben – die Samis

Fragt man uns, wie wohl ein Angehöriger des nordischen Volk der Samis aussieht, stellen wir uns einen knorrigen Menschen in bunter Tracht vor, der mit seinem Rentier durch das Land zieht. In vorchristlicher Zeit wanderten finnisch-ugrische Völker, die Vorfahren der heutigen Urbevölkerung, nach Nordskandinavien. Heute gibt es noch etwa 70 000 Samis, verteilt über die gesamte skandinavische Nordkalotte bis nach Dalarna in Mittelschweden. 17 000 Samis leben in Schwedisch-Lappland.

Die Samen, was so viel wie »Sumpfleute« bedeutet, waren ursprünglich Jäger und Fischer. Im Lauf der Jahrtausende begannen sie Rentiere zu zähmen und ihr gesamtes Leben darauf auszurichten. So entwickelten sich zwei Formen der Rentierzucht – die sesshafte Weidezucht und die nomadische Gebirgs-Rentierzucht.

Die Gebirgszüchter ziehen mit ihren Tieren zwischen den Sommerweiden im Gebirge und den Winterweiden in den Wäldern hin und her. Alle traditionell als Rentierzüchter lebenden Samen gehören Sami-Dörfern an, die sie »cearru« nennen. Diese Gemeinschaften funktionieren als wirtschaftliche und verwaltungstechnische Genossenschaften. Doch das moderne Leben ging auch an Lappland und seinen Bewohnern nicht spurlos vorüber. Die große Mehrheit der Urbevölkerung lebt längst nicht mehr nomadisch, sondern sesshaft in den Städten und Dörfern. Nur noch sieben Prozent leben von der Rentierzucht – sie hüten ihre Herden heute mithilfe von Motorrädern, Schneescootern und Hubschraubern. Viele verdienen einen Teil ihres Einkommens mit traditionellem Kunsthandwerk, das sie herstellen und an Touristen verkaufen.

Lange Zeit galten die samische Sprache, Lebensweise und Tradition in Schweden als wertlos – daher ging unwiederbringlich viel davon verloren. Die Kultur konnte diese schweren Verluste bis heute nicht verwinden, auch

Die traditionelle Behausung der Samis ist die so genannte Kata, ein zeltartiger Bau aus Birkenholz.

**Oben: Besonders schön ist die Lappen-
kirche von Staloluokta, die sich im Padjelanta-Nationalpark befindet.
Links: Eine Rentierherde im Padjelanta**

wenn jeder Sami mittlerweile die vollen Bürgerrechte genießt. Die Samen können ihre ursprüngliche Kultur nur erhalten, wenn ihnen ihre Lebensgrundlagen nicht verwehrt bleiben: die Rentierzucht, das Fischen und die freie Jagd. Dies hat auch die schwedische Regierung erkannt und umfangreiche Maßnahmen ergriffen, um die Existenz der Samen zu sichern. Zudem gehören die schwedischen Samen dem Weltrat der eingeborenen nationalen Minderheiten an, 1993 wurde außerdem das erste Sami-Parlament gewählt – es gibt also durchaus Hoffnung.

109

Eine wundersame Erscheinung der nordischen Natur ist das Polarlicht.

WUNDERSAME AURORA BOREALIS

Das Polarlicht gibt den Forschern seit jeher Rätsel auf. Aurora borealis nannte der französische Wissenschaftler Pierre Gassendi im 17. Jahrhundert diese astronomische Erscheinung am Nordhimmel – doch erklären konnte er sie nicht. Heute sind die Himmelsbeobachter schon ein Stück weiter, nicht zuletzt weil es in Kiruna ein Observatorium gibt. Hier will man alle offenen Fragen klären.

Zu beobachten ist das Nordlicht nur in klaren Herbst- oder Winternächten: Es erfüllt den Himmel mit flammenden Farbnebeln oder mit grün, weißlich, blau oder rot-violett schimmernden Lichtfahnen. Wissenschaftler erklären das Phänomen mit Protonen und Elektronen, die als »Sonnenwind« zur Erde strömen. Diese treten an den Polkappen, wo das Magnetfeld der Erde am schwächsten ist, in die Erdatmosphäre ein. Dabei werden sie gebremst und Energie wird frei, die in die Luftmoleküle übergeht und diese zum Leuchten bringt.

Seit jeher kreisen die Märchen und Mythen der nordischen Völker um das Nordlicht. Die Menschen interpretierten es als Götterfackeln, den Widerschein tanzender Fischschwärme oder die Botschaft ihrer Verstorbenen. Das finnische Nationalepos »Kalevala« verheißt dem das Geheimnis zu eröffnen, wie die Welt entstand, der das Nordlicht entziffern kann. Fritjof Nansen hielt auf seiner Polarfahrt fest, dass das Polarlicht das Übernatürliche sei, eine einzigartige Kraft und Schönheit, die in allen Regenbogenfarben funkelt. Vielleicht ist es nicht nur physikalisch bedingt, dass es nur am Pol auftritt, sondern ein Zeichen, dass der Kosmos mit der Erde allein sein will.

EISENBAHN-TRÄUME WERDEN WAHR

Bereits im 18. Jahrhundert wussten die Menschen von den Erzvorkommen im schwedischen Teil Lapplands. Doch weil sie das Erz nicht transportieren konnten, konnten sie es nicht abbauen. Von 1825 an arbeiteten die Ingenieure in Kiruna und Gällivare am Bau einer Eisenbahnlinie, um dieses Problem zu lösen. Doch erst im Jahr 1882 genehmigte der König den Bau der Bahnlinie nach Narvik. Die Bauleitung hatte die englische Firma Wilkinson & Jarvis inne, die zu diesem Zweck die Northern Railway Company Ltd. gründete. Den Bau selbst übernahm die englische Firma Pinn & Millet.

Wohl keine andere Bahn in Europa entstand unter derart schwierigen Bedingungen. Eiseskälte, Schneestürme, reißende Flüsse und wochenlang ausbleibende Versorgungslieferungen machten den Arbeitern ebenso zu schaffen wie Krankheiten, Seuchen und unmenschliche Anstrengungen.

Interesse an der Bahn hatte nicht nur Schweden, sondern auch England und Deutschland, die das schwedische Erz kaufen wollten. Nach Baubeginn 1884 bei Svartön ging der Bau nur schleppend voran. Im Herbst 1885 waren erst 1800 Meter der mehr als 400 Kilometer langen Strecke fertig gestellt. Ein Jahr später erreichten die Arbeiten die Stadt Boden, im Dezember 1887 wurde Gällivare und im Februar des folgenden Jahres Malmberget, die Stadt der Erzgrube, an den Schienenstrang angeschlossen.

Am 12. März 1888 kamen die ersten Erzwagen nach Luleå. Doch bald stellte sich heraus, dass die Bahnstrecke mangelhaft geplant und ausgeführt war: Der Bahndamm hielt dem Gewicht nicht stand, zudem fror der Hafen von Luleå im Winter zu. So konnte das Erz nur sieben Monate des Jahres verschifft werden.

1898 entschloss sich die schwedische Regierung, die Strecke zu sanieren und von Gällivare bis an die norwegische Grenze zu verlängern. Noch im gleichen Jahr erreichten die Gleise Kiruna, ein Jahr später den Torneträsk. Nun folgte der schwierigste Abschnitt, der durch die Berge im hinteren Rombakfjord führte: Das unwegsame Gelände musste erschlossen, Sümpfe mussten

trockengelegt, zahlreiche Tunnels in den Fels gesprengt und reißende Flüsse überbrückt werden. Trotz aller Widrigkeiten kamen die Schienen bereits am 15. November 1902 im norwegischen Narvik an.

So übergab König Oscar II. die Bahnlinie am 14. Juli 1903 feierlich ihrer Bestimmung. Der »Lapplandpfeil« nahm als erster Luxuszug Nordeuropas neben den Erzzügen seine Dienste auf und wurde wegen der landschaftlich einzigartig schönen Strecke bald zur Touristenattraktion.

Doch auch die Erzbahn hatte viel zu tun: Zu ihrer Blütezeit fuhren täglich 30 bis 60 Erzzüge nach Narvik, jeder bestand aus 52 Waggons, die 4000 Tonnen Erz geladen hatten.

WANDERUNG AUF DEN KEBNEKAISE

In Lappland dreht sich alles um das Naturerlebnis, auch für den Wanderer auf dem Kebnekaise: Er findet gewaltige Gebirgsmassive und einsame Hochebenen, Heidelandschaften und Birkenwälder, von Trollblumen erfüllte Täler, eiskalte Gebirgsflüsse, Sumpflandschaften, in denen selbst Gummistiefel sinnlos sind, und reißende Ströme. Die Hauptstrecke des Pfades ist größtenteils befestigt. In den weiten Tälern scheint der Wanderer kaum voranzukommen, markante Punkte wie Felsnasen, Waldrücken, Pässe oder Taleinschnitte, die schon lange am Ho-

Der »Lapplandpfeil« und der Erzzug durchqueren das nördliche Schweden auf der Fahrt von Kiruna nach Narvik.

112 **Durch das Tal von Singi führt der Aufstieg zum Kebnekaise, Schwedens höchstem Berg.**

rizont sichtbar sind, rücken nach stundenlangem Marsch nicht näher.

Ebenso eindrucksvoll ist es, zu Schwedens höchstem Berg zu wandern. Die Kebnekaise Fjällstation liegt von Nikkaluokta gerade eine Tagesetappe entfernt. Noch von weitem ist durch den Birkenwald die Turmspitze der kleinen Kapelle von Nikkaluokta zu sehen. Nimmt man nach ungefähr fünf Kilometern Wegstrecke das Boot über den Ladtjojaure, bleiben noch neun Kilometer bis zur Fjällstation. Weithin ist die dunkle Felswand Tarfalapakte zu sehen, die einen guten Orientierungspunkt innerhalb des mächtigen Tales abgibt. Wer erstmals die Station erblickt, weiß, dass er noch eineinhalb Stunden zu gehen hat, bis das Nachtlager erreicht ist. Jetzt heißt es Kräfte sammeln und die ersten Blicke ins dunkle Tal zu wagen, durch das der Aufstieg zu Schwedens höchstem Berg führt. Ungeübte Wanderer

sollten eine geführte Tour machen, denn man braucht alpine Erfahrung.

Wird das Wetter halten? Der Abend verrät es selten. Auf alle Fälle wird der Rucksack gepackt. »Vi treffar i toppen« – »Wir treffen uns am Gipfel«, ruft man sich am Morgen zu, wenn zahlreiche Gruppen den Aufstieg beginnen. Zunächst geht es über Schutt, doch bald verläuft der Weg durch Schneefelder und das ewige Eis der Gletscher. Rentiere, die wegen der Mücken und der Hitze im Tal die Berge aufsuchen, begegnen uns.

Nachdem wir den Gletscher überquert haben, müssen wir eine Felswand durchklettern. Hat man die »Topstugorna«, die kleine Schutzhütte am Beginn des Gipfelplateaus, erreicht, trennt uns noch ein einstündiger Marsch den schneebedeckten Grat entlang zum 2117 Meter hohen Südgipfel. Das Ziel ist erreicht und das Panorama belohnt uns für alle Mühen.

Vom Gipfel liegt dem Wanderer Lapplands Wildnis zu Füßen. In der Ferne sind Sarek, Abisko, Tarfalafjäll und Stora Sjöfallet zu sehen. Der Abstieg kann warten, denn es wird ja nicht dunkel. Doch sollten Wolken aufziehen, steigt man schnell ab. Zurück in der Fjällstation, bekommt jeder Teilnehmer einer geführten Wanderung ein Abzeichen und eine Urkunde. Länger, als die Medaille glänzt, erinnern wir uns an diese grandiose Wanderung.

KÖNIGSPFAD DURCH DIE WILDNIS

Die Einsamkeit begegnet der Stille. Unter dieses Motto kann man eine Wanderung auf dem Kungsleden stellen – dem berühmtesten und populärsten Weitwanderweg Schwedens. Der bestens markierte, 500 Kilometer lange Pfad verbindet Abisko im Norden mit Hemavan nahe Tärnaby im Süden. Dabei durchquert er die schönsten nordischen Landschaften. Links und rechts des Weges erheben sich die höchsten Gebirge Skandinaviens, ziehen sich ursprüngliche Fjällgebiete und die tiefsten Trogtäler Europas. Zudem passiert der Weg die bekannten Nationalparks Sarek und Stora Sjöfallet.

Wetter und Wind bereiten dem Wanderer die größten Probleme, auch wenn die Etappenlängen für normal geübte Geher ausgelegt sind. Es ist daher sehr wichtig, richtig ausgerüstet zu sein. Starke Regenfälle und kühle Winde wechseln mit heißen Sommertagen. Auch im Sommer kann bei schlechtem Wetter und auf den Pässen Schnee fallen, man muss also Kleidung für jedes Wetter dabei haben.

Die beste Zeit für die Wanderung sind die letzten drei Wochen im August: Nun gibt es kaum mehr Mücken und die Temperaturen sind noch angenehm. Ab 20. August setzt mit der »Ruska«-Zeit der Herbst ein, die Birken und Zwergsträucher verwandeln sich nun in ein endloses Farbenmeer.

Der 1890 vom Schwedischen Touristenverband (STF) eingerichtete Pfad ist bestens ausgebaut: Über Flüsse und sumpfige Stellen führen Brücken, zudem gibt es am Ende der 15 bis 24 Kilometer langen Tagesetappen Hütten zum Übernachten. Man kann also ohne Zeltausrüstung wandern. An einigen Stationen gibt es sogar kleine Läden, in denen man sich mit Proviant eindecken kann.

Die gesamte Wanderstrecke lässt sich in drei Abschnitte teilen: Abisko bis Kvikkjokk, 14 Tage, 229 Kilometer. Dies ist der klassische Abschnitt des Kungsleden, der die meisten Besucher

Weitwandern gehört zu den liebsten Hobbys der Schweden, hier am südlichen Kungsleden.

verzeichnet. Nach Abisko quert man zuerst dichte Birkenwälder, ehe man auf der Höhe des Abiskojaure allmählich in baumloses Gelände vorstößt. Von der Alesjaurehütte, 35 Kilometer vom Start entfernt, eröffnet sich ein eindrucksvoller Blick auf die offene Fjäll-Landschaft. Den höchsten Punkt der Strecke bildet der Pass Tjäkta (1105 Meter, 48 Kilometer vom Start). Danach folgen die Stationen Sälka (60 Kilometer) und Singi (72 Kilometer). Hier zweigt ein Seitenpfad zur Kebnekaise-Fjällstation ab (14 Kilometer), so dass man Schwedens höchsten Berg besteigen kann.

Wer nun schon genug gewandert ist, der kann den Trail hier abbrechen und über eine Tagesetappe von 19 Kilometern nach Nikkaluokta marschieren, von wo ein Bus nach Kiruna fährt. Die Hauptroute führt von Singi weiter in Richtung Saltaluokta (24 Kilometer ab Singi). Dieser Abschnitt, der uns

durch Birkenwälder, Hochtäler und offene Fjälls führt, ist einer der stillsten des Weges. Danach durchpaddeln wir den Teusajauresee und überqueren mit der Fähre den Stora Sjöfallet, ehe die Fjällstation Saltaluokta erreicht ist. Nach einem langen Anstieg von 20 Kilometern hinauf nach Sitojaure und dem Abstieg hinab nach Aktse durch Wald- und Sumpfgebiet (13 Kilometer) ist der Südrand des Sarek-Nationalparks erreicht. Wir rudern durch den Laitauresee mit einem der bereitliegenden Boote und benötigen noch zwei Etappen (insgesamt 40 Kilometer) bis Kvikkjokk. Von hier fährt der Bus nach Jokkmokk – zurück in die »Zivilisation«.

Der zweite Abschnitt führt von Kvikkjokk nach Ammarnäs, er misst 166 Kilometer und ist in acht Tagen zu bewältigen. Dies ist der anstrengendste und schwierigste Teil des gesamten Trails, denn er wartet mit steilen Anstiegen, langen Etappen zwischen den Hütten, Fluss- und Seequerungen sowie dem Wind ausgesetzten Hochfjälls auf. Die erste Hütte nach Kvikkjokk findet sich am Tsielejåkk (15 Kilometer), dann folgt eine 55 Kilometer-Etappe bis zur Hütte am Vuonatjviken. Nach zwei Seequerungen und sieben Kilometern Wanderung erreicht man das Dorf Jäkkvik, nach weiteren neun Kilometern den Pieljekaise-Nationalpark. 19 Kilometer bis Adolfsström, 23 Kilometer bis Sjnjutje und schließlich 34 Kilometer bis Ammarnäs vervollständigen diesen Abschnitt.

Der leichteste Teil des Weges ist der dritte. Er ist lediglich 78 Kilometer lang und in vier Tagen zu absolvieren. Von Ammarnäs aus durchquert der Pfad bis Hemavan Fjälls heideverwachsene Moore, Birkenwälder und Sumpfland. Der einzige Anstieg wartet zwischen Ammarnäs und Aigert. Auf dem Weg zur Syterhütte passiert der Wanderer mehrere Brücken, die über das Seennetz Tärnasjö Archipelago führen. Schließlich gelangt man zur Viterskalethütte im Vindelfjäll, ehe man das südliche Ziel des Kungsleden, Hemavan, erreicht. Entlang dieser Strecke gibt es keine STF-Stationen, nur einfache Hütten (Aigert, Serve, Tärnasjö, Syter und Viterskalet).

SAREK UND PADJELANTA

Der Sarek ist mit einer Fläche von mehr als 5200 Quadratkilometern der größte Nationalpark Schwedens. Er gilt als die letzte unberührte Wildnis Europas. Gewaltige gletscherverhangene Gebirgsmassive, einsame Hochebenen mit eiszeitlich geschliffenen Steinwüsten, unzugängliche Urstromtäler wie das Rapadalen und wild brausende, eiskalte Wasserläufe kennzeichnen diese unzugängliche Landschaft: Sarek ist der einzige Nationalpark Skandinaviens, den kein von Menschenhand angelegter Pfad durchquert. Mit Ausnahme eines schmalen, von den Besuchern ausgetretenen Steiges auf den Nammatj muss man innerhalb des Parks querfeldein wandern.

Nirgends sonst in Schweden gibt es so mächtige Berge, so viele Gletscher und so extreme Höhenunterschiede wie hier – über 200 Gipfel finden sich im Sarek. Den größten Teil des Parks bedecken karge Fjälls und Gletscher, kleine Wälder können sich nur in geschützten Lagen am Fuß der Berge behaupten. Ein unvergleichliches Bild bietet sich im Frühsommer, wenn die blumenbewachsenen Täler mit den schimmernden vergletscherten Bergrücken wetteifern.

Daneben hat Sarek Hochgebirgsebenen wie das arktisch anmutende Luottalaka-Plateau zu bieten, aber auch tiefe Schluchten wie die des Sarvesjokk und Smailajokk im Westteil. Das Rapadalen ist zweifelsohne der bekannteste Ort im Nationalpark. Dieses mächtige Trogtal durchfließt Sareks längster Fluss, der 45 Kilometer lange Rapaätno. Dort wo er sich mit seinem großen Seitenarm, dem Sarvesjokk, vereinigt, entstand ein breites Delta. Der breite Fluss schlängelt sich sodann kunstvoll durch das äußere Rapadalen – dies ist wohl eine der schönsten Wasserlandschaften Europas. Sarek ist auch eines der letzten Rückzugsgebiete der Braunbären in Europa. Die Zahl der Elche hält sich hier aber wegen der strengen Winter in Grenzen.

Die meisten Wanderer streifen den Park nur entlang des Kungsleden, der

Das Rapadalen im Sarek-Nationalpark wirkt auf den Betrachter wie ein Land aus der Urzeit.

am Ostrand vorbeiführt. Bei der Touristenstation Aktse zweigt ein Seitenpfad auf den Aussichtsberg Skierfe, ab von dem aus man das Rapadalen überblicken kann.

Der Padjelanta-Nationalpark umfasst ein riesiges offenes, hochnordisches Gebirgsplateau mit weich gerundeten Bergrücken, riesigen Seen und einigen hohen Gipfeln. Er scheint noch entlegener und unzugänglicher zu sein als das Sarek-Gebiet. In dieser weiten Landschaft zwischen Wasser, Land und Himmel erkennen wir plötzlich, wie klein und unbedeutend der Mensch doch ist. Die markanten, über 1800 Meter hohen Gipfel des Jeknaffo, des Kierkevare und des Alatjåkka überragen die seenreichen Hochflächen, in denen der Virihaure und der Vastenjaure einen Großteil der Fläche einnehmen. Der Virihaure soll gar der schönste See Lapplands sein.

Padjelanta ist seit jeher die Heimat der Sami. Die drei Lappendörfer Tuorpan, Jåkkåkaska und Sirkas liegen ebenso innerhalb der Parkgrenzen wie das Sommerlager Staloluokta am Virihaure. Hier ist ein kleines Dorf entstanden, in dem eine Touristenstation die Wanderer empfängt. Besonders sehenswert ist die eigentümliche lappländische Kapelle, ein kuppelförmiger Bau aus Steinen und Erdschollen mit einem hölzernen Glockenturm. Im Sommer finden hier wunderschöne Kirchenkonzerte namhafter schwedischer Künstler statt.

BLUMENREICH ABISKO

Abisko ist ein für Lappland typisches Hochgebirgstal. Sein samischer Name bedeutet so viel wie »Meerwald« und weist darauf hin, wie nah der Atlantik auf norwegischer Seite ist. Es sind nur 80 Kilometer zum Meer. Aus diesem Grund herrscht hier maritimes Klima mit milden Wintern, kühlen Sommern, viel Sonnenschein und sehr geringen Niederschlägen.

Dieser 1909 gegründete Nationpark ist für seine reiche Gebirgsflora und wunderschöne hochnordische Fjäll-Landschaft bekannt. Auf einer Fläche von 77 Quadratkilometern umfasst das Schutzgebiet das birkenbewachsene Tal rund um den Abiskojåkka, das sich vom Torneträsk südwestwärts bis zum Abiskojaure und weiter bis zu den Gebirgen des Kebnekaise-Massivs erstreckt. Sehr sehenswert sind auch der See Abiskojaure, die üppig blühenden Bergwiesen des Njulla, die Schlucht des Abiskojåkka sowie sein Delta, das an der Mündung in den Torneträsk entstand. Den Park rahmen gewaltige Fjälls, das mächtige Trogral Lappen-

Der bereits 1909 gegründete Abisko-Nationalpark gilt als Paradies der Blumen, die im kurzen lappländischen Sommer in großer Fülle hervorbrechen, hier Silberwurz, Weidenröschen, Arktisches Läusekraut oder Karlszepter

pforte (Lapporten) und der Torneträsk, der mit einer Länge von 70 Kilometern Skandinaviens größter Gebirgssee ist.

Der Abisko-Nationalpark ist vor allem für seine Pflanzenwelt bekannt, die auf dem kalkhaltigen Boden des Njulla sowie im Flusstal des Abiskojåkka gedeiht. Diese alpinen Fjällheiden gehören zusammen mit den Zwergbirkenwäldern zu den wertvollsten Lebensräumen des Parks. Obwohl Abisko weit nördlich der Nadelbaumgrenze liegt, gibt es hier einige Bestände kleiner, knorriger Kiefern.

Im Park leben auch zahlreiche Tiere: Elch, Fuchs, Vielfraß, Luchs und der Wolf. Überall im Park zwitschern Blaukehlchen, Weidenmeise und Gartenrotschwanz; der sehr seltene Nordische Laubsänger ist aber nur an den Hängen des Njulla zu finden. Wegen

seiner vielen Wat- und Entenvögel erhielt das Delta des Abiskojåkka einen noch höheren Schutzstatus als der Nationalpark selbst – es darf zwischen dem 1. Mai und dem 31. Juli absolut nicht betreten werden.

Das Besucherzentrum Abisko-Naturum stellt die verschiedenen Lebensräume des Parks und die wichtigsten Tier- und Pflanzenarten vor. Im Sommer finden hier abends auch verschiedene Filmvorführungen statt.

Für Tagesausflüge bieten sich im Park mehrere Wanderrouten an, darunter zwei Naturlehrpfade (Kanjonstigen ein Kilometer, Rallarstigen zwei Kilometer), die am Eingangstor beginnen. Besonders reizvoll ist auch eine Wanderung entlang des Abiskojåkka, die flussabwärts durch eine 20 Meter tiefe Schlucht führt und schließlich im Delta am Torneträsk endet.

Wer sich nicht plagen will, der nehme den Sessellift auf den 1169 Meter hohen Njulla. Er ist ein bekannter Blumenberg und bietet einen eindrucksvollen Rundblick auf die umgebende Landschaft.

Vom Gipfel kann man vom 30. Mai bis 16. Juli die Mitternachtssonne beobachten, am Naturum ist sie dagegen vom 12. Juni bis 4. Juli zu sehen. Vom 5. Dezember bis 9. Januar herrscht dann die lange und eisige Polarnacht – das Land versinkt bis zum Sonnenaufgang im kommenden Frühjahr in völliger Dunkelheit.

117

Schwedisches Potpourri aus typischen Bildern

Daten und Fakten

Zeittafel

Vor 13 000 Jahren

Die Gletscher der letzten Eiszeit beginnen allmählich zu schmelzen und weichen zurück. Das Inlandeis hinterlässt ein unwirtliches, geröllbedecktes Land.

Vor 10 000 Jahren

In Südschweden, wo noch immer über Dänemark eine Landbrücke zum Festland Europas besteht, siedeln erstmals Menschen.

Um 3000 v. Chr.

Etwa 25 000 Menschen leben in Schweden – sie gehören den Sippen der »Megalithvölker« an, die auch »Trichterbecherleute« oder »Grubenkeramiker« heißen.

2800 bis 2400 v. Chr.

Die Dolmengräber (tischförmige Steingräber) entstehen in Västergötland, 400 Jahre später die größten Ganggräber.

Bronzezeit 1800 bis 500 v. Chr.

Die Bronzezeit bringt in Skandinavien, im Bereich des heutigen Schweden, die erste Blütezeit. Die Felszeichnungen von Vitlycke, Fossum und Tanum im Bohuslän entstehen.

Eisenzeit 500 v. Chr. bis Christi Geburt

Die Svear gründen auf Inseln im und rund um den Mälarsee erste Siedlungen. In Südschweden, etwa in der Region Västergötland, lassen sich die Göten nieder.

400 bis 600

Die Zeit der Völkerwanderung bringt auch Schweden Krieg und Zerstörung. Die Götar beherrschen den Süden, während sich die Svear im Mälartal und in Uppland ausbreiten.

600 bis 800

In der Wendelzeit, die nach dem Sitz der Svear-Häuptlinge benannt ist, bringt ein erstes einheitliches Reich. Alt-Uppsala, damals Svithiod, wird zum religiösen Zentrum Schwedens, während Birka auf der Insel Björkö im Mälarsee das weltliche wird. Das »Svear-Rike« – das Reich der Svear – versinkt in Kleinkriegen und Fehden.

750 bis 1050

Die Wikingerzeit markiert den letzten Abschnitt des Nordischen Altertums. Die Wikinger versetzen von Skandinavien aus den Rest Europas in Angst und Schrecken. Die schwedischen Wikinger, Waräger genannt, erobern den Ostseeraum. Über die großen russischen Flüsse dringen sie immer tiefer ins Baltikum vor und erreichen sogar Konstantinopel.

829

Ansgar von Bremen erreicht die Insel Björko im Mälarsee nahe dem heutigen Stockholm. Er errichtet eine erste Kirche – damit beginnt die Christianisierung des Landes.

1000

Zur Jahrtausendwende ist das gesamte heutige Skandinavien christlich missioniert. Das bedeutet das Ende der Nordischen Antike und den Übergang zum Mittelalter.

1008

Der Waräger-Häuptling Olof Skötkonung lässt sich in Husaby in Västergötland vom angelsächsischen Missionar Sigfrid taufen. Dies leitet den Siegeszug des Christentums ein. In Skara entsteht um 1015 ein erster Bischofssitz.

Um 1150

Das Geschlecht der Eriks ist die mächtigste Sippe des Landes und stellt von nun an über ein Jahrhundert hinweg die Könige. Der bekannteste, Erik IX. (1156–1160), gilt noch heute als Nationalheiliger Schwedens. Dem jeweiligen König wird ein Reichsverweser (Jarl) zur Seite gestellt.

1161

Auf Gotland entsteht ein Vorläufer der Hanse, die »Genossenschaft der Gotland besuchenden Kaufleute«. Visby, die Hauptstadt Gotlands, wird zum florierenden Zentrum dieser Handelsgemeinschaft.

1164

Der Bischofssitz wird von Sigtuna nach Gamla Uppsala verlegt. Uppsala wird Erzbistum.

1248 bis 1266

Unter der Regentschaft von Birger Jarl, dem König aus dem Folkunger-Geschlecht, erlebt Schweden eine neue Blütezeit. Der Herrscher schreibt die Privilegien von Adel und Klerus fest, vereinheitlicht die Gesetzgebung und stärkt die Kirche. Auf den strategisch wichtigen Inseln zwischen Mälarsee und Ostsee gründet er die Siedlung Stockholm. Diese baut er zu einer mächtigen Hafenstadt aus.

14. Jahrhundert

Der norwegische König Magnus Eriksson erbt den schwedischen Thron. Er regiert von 1319 bis 1364. Das schwedische Reich erreicht seine größte Ausdehnung.

1361

Die Dänen erobern Gotland, das schwedische Reich von Magnus Eriksson zerfällt.

1389

Alfred von Mecklenburg unterliegt Margarete von Dänemark, die sich daraufhin mit dem schwedischen Adel verbündet.

1397 bis 1512

Dänemark, Norwegen und Schweden mit seiner Provinz Finnland vereinigen sich 1397 auf Initiative Margareths von Dänemark zur »Kalmarer Union«.

1435

In Arboga tagt erstmals der schwedische Reichstag unter Teilnahme von Bauernvertretern.

1477

In Uppsala wird die erste Universität des Landes gegründet.

15. und 16. Jahrhundert

Langwierige Machtkämpfe innerhalb des schwedischen Adels bringen abwechselnd Schweden und Dänen auf den Thron. Zu Beginn des 16. Jahrhunderts besteigt der für seine unnachgiebige Grausamkeit

berüchtigte dänische König Kristian II. den Thron.

1520

Kristian II. will mit dem »Stockholmer Blutbad«, dem der Reichsverweser Engelbrektsson und 93 Adelige zum Opfer fallen, seine Gegner vernichten. Doch er scheitert. Von Dalarna aus organisiert der Adelige Gustav Wasa, damals noch Gustav Eriksson, dessen Vater unter den Ermordeten war, den Widerstand. 1523 wird Kristian II. abgesetzt.

1523 bis 1560

Gustav Wasa wird 1523 zum König gewählt und regiert bis 1560. Der äußerst verdienstvolle König führt das Land aus den Wirren des Mittelalters in einen modernen Zentralstaat. Während seiner Regentschaft schafft er eine Zentralverwaltung, die Schweden den Aufstieg zur Großmacht ermöglicht.

1544

Gustav Wasa setzt die Erbmonarchie durch.

Höhepunkt beim Mittelalterfest auf Gotland ist das Ritterspiel.

Das ruhmreiche Schloss Mariefred liegt am Mälarsee.

1560 bis 1611

Nach Gustav Wasas Tod kämpfen seine Söhne Erik XIV., Johann III. und Karl IX. um den Thron und um die Vorherrschaft im Ostseeraum. Erst unter Karl IX., dem jüngsten Sohn, kehrt eine gewisse Stabilität zurück.

1611 bis 1632

Gustav II. Adolf, der 16-jährige Sohn Karls IX., kommt an die Macht. Er regiert mit Tatendrang und Durchsetzungsvermögen, so führt er Schweden in die so genannte Großmachtzeit. 1632 fällt Gustav II. Adolf in der Schlacht von Lützen. Sein Gegner ist Wallenstein.

1632 bis 1654

Axel Oxenstierna, der seit 1612 Reichskanzler ist, kommt als Vormund der sechsjährigen Thronfolgerin Kristina an die Macht und setzt die Politik von Gustav II. Adolf fort.

1648

Schweden geht mit dem Westfälischen Frieden aus dem Dreißigjährigen Krieg als Sieger hervor. Es erhält riesige Gebiete in Mecklenburg und Vorpommern.

1721 bis 1771

Die Epoche der »Freiheitszeit«: Als Gegengewicht zur Monarchie entsteht ein früher Parlamentarismus, ein Stände-Parlament wird einberufen.

1771

Unter der Regentschaft von Gustav III. (1771 bis 1792) setzt eine bis dato unerreichte Blüte der Wirtschaft, Wissenschaft und Kultur ein. Er beschränkt die Zuständigkeit des Reichstags und führt den Absolutismus, die »Gustavianische Alleinherrschaft«, ein.

1809

Gustav IV. Adolf (1795 bis 1809) schickt ein schwedisches Heer in die Napoleonischen Kriege. Im Frieden von Fredrikshamn muss er Pommern und damit Schwedens letzte Besitze in Norddeutschland abtreten, später die Åland-Inseln und Finnland. Das bedeutet das Ende des schwedisch-finnischen Großreichs.

1810

Der Reichstag wählt den früheren napoleonischen Marschall Jean Baptiste Bernadotte zum Thronfolger. Er wird König Karl XIV. Johann.

1813

Die Truppen Karls XIV. Johann besiegen in der Völkerschlacht von Leipzig Dänemark. Das ist bis heute der letzte Krieg, den Schweden geführt hat.

1814

Der Wiener Kongress beschließt 1814, dass Dänemark Norwegen an Schweden abtreten muss. Norwegen behält einen autonomen Status und eine eigene Verfassung. Diese Union hat bis 1905 Bestand.

1832

Der Götakanal, der Göteborg und Stockholm verbindet, wird eröffnet.

1840 bis 1870

Unter den Regenten Oskar I. und Karl XV. Johann erstarkt die bürgerlich-demokratische Opposition, der Liberalismus setzt sich durch.

1866

Nach mehreren Parlamentsreformen wird ein Zweikammer-Reichstag geschaffen, der den alten Vierstände-Reichstag ersetzt. Diese politische Entwicklung geht mit einem tiefgreifenden sozialen Wandel und dem Beginn der Industrialisierung einher.

ab 1880

Der Einfluss der Sozialdemokraten wächst. Die Auswanderungswelle von Gotland und Småland in die USA erreicht ihren Höhepunkt: Mehr als 900 000 Schweden, vor allem Kleinbauern, verlassen das Land.

1889

Die Sozialdemokratische Arbeiterpartei wird gegründet. Im 20. Jahrhundert wird sie die prägende politische Kraft des Landes.

1901

In seinem Testament hatte der schwedische Forscher Alfred Nobel (1833 bis 1896) den nach ihm benannten Preis für herausragende wissenschaftliche Leistungen gestiftet. Nun werden die Auszeichnungen erstmals vergeben. Die Preisträger sind Röntgen (Physik), van't Hoff (Chemie), von Behring (Medizin), Prudhomme (Literatur) sowie Dunant und Passy (Friedensnobelpreis).

1905 bis 1924

1,3 Millionen Schweden verlassen das Land in dieser Zeit, viele wandern nach Amerika aus. Schweden erlebt die größte soziale Umwälzung seiner Geschichte, die Sozialdemokratie setzt sich durch.

1907 bis 1950

Unter der Regentschaft Gustavs V. entwickelt sich das Land endgültig zu einer parlamentarischen Demokratie. Schweden bewahrt während beider Weltkriege seine Neutralität.

1912

In Stockholm finden die fünften Olympischen Sommerspiele der Neuzeit statt.

1918

Eine Verfassungsreform führt das parlamentarische Regierungssystem ein.

ab 1928

Der Einfluss der Sozialdemokraten im Gegensatz zu den bürgerlichen Parteien wächst.

1932

Der Staatsminister Per Albin Hansson setzt die Volksheimpolitik durch. Dieses schwedische Modell versteht die Bürger »als Mitglieder ein und derselben Familie, die einander unterstützen und sich in diese Familie fügen müssen«. Damit ist der »Wohlfahrtsstaat« aus der Taufe gehoben. Dieses System prägt Schweden bis zum heutigen Tag.

1950
Unter der Regentschaft Gustavs VI. Adolf (1950 bis 1973) erlebt Schweden eine wirtschaftliche und politische Blüte. In dieser Wachstumsphase wird das Land zu einem der führenden Industriestaaten innerhalb Europas. Schweden wird in die Vereinen Nationen aufgenommen.

1960
Schweden wird Gründungsmitglied der Europäischen Freihandelszone EFTA.

1969
Olof Palme wird Ministerpräsident. Er bleibt bis 1976 im Amt.

1973
Carl XVI. Gustav wird zum König gekrönt. Er heiratet die bürgerliche Deutsche Sylvia

Sommerlath, die er während der Olympischen Sommerspiele in München kennen gelernt hatte.

1974
Die Parlamentsreform schafft den Ein-Kammer-Reichstag, führt das Verhältniswahlrecht ein und beschränkt die Macht des Königs auf repräsentative Aufgaben.

1986
Der ehemalige Ministerpräsident Olov Palme wird am 28. Februar auf offener Straße in Stockholm erschossen. Anlass ist vermutlich sein Engagement für eine gerechtere Welt, besonders sein Kampf gegen die Apartheid. Das Attentat löst im Land Bestürzung aus.

1994
In einer Volksabstimmung entscheiden sich die Schweden mit der knappen Mehrheit von 52,7 Prozent, der Europäischen Union beizutreten. Am 1. Januar 1995 wird Schweden zusammen mit Österreich und Finnland Mitglied der EU.

2000
Nach siebenjähriger Bauzeit wird die Öresundbrücke eröffnet. Schweden ist nun mit Dänemark verbunden, das seinerseits über die Storebælt-Brücke Zugang zum Kontinent hat. Somit ist Schweden erstmals von Mitteleuropa aus auf dem Landweg erreichbar.

2001
Schweden übernimmt den Ratsvorsitz in der Europäischen Union. Das Gipfeltreffen des Rates findet im Juni 2001 in Göteborg statt.

2003
Die Außenministerin Anna Lindh fällt am 10. September einem Attentat zum Opfer: In einem Kaufhaus wird sie niedergestochen und erliegt im Krankenhaus ihren Verletzungen. Sie hatte sich für einen Beitritt Schwedens zur Europäischen Währungsunion stark gemacht. Die Schweden entscheiden sich in der kurz nach dem Mord stattfindenden Volksabstimmung gegen die Einführung des Euro.

Schweden von A bis Z

Anrede

Wer schon einmal bei Ikea war, weiß, dass die Schweden jeden duzen (mit Ausnahme des Königspaares).

Anreise

Mit dem Auto
Seit dem 1. Juli 2000 ist Schweden über Dänemark mit dem Auto auf dem Landweg zu erreichen. Dabei muss man keine Fähre nehmen. Die E 20 führt vom dänischen Festland (Jütland) über die Insel Fünen und dann über eine Hängebrücke, die den Großen Belt quert, nach Seeland.
Südlich von Kopenhagen beginnt die Straße über den Öresund, die durch einen Tunnel auf eine künstliche Insel führt und dann über eine acht Kilometer lange Brücke südlich von Malmö das schwedische Festland erreicht.

Mit der Fähre
Zwar gibt es inzwischen eine Straßenverbindung, dennoch wurden die zehn Fährverbindungen aufrechterhalten. Um die günstigste Variante zu erhalten, muss man sich die aktuellen Angebote besorgen. Diese sind je nach Autotyp und Saison unterschiedlich. Die so genannte Vogelfluglinie besteht aus zwei Fähren: Vom deutschen Puttgarden ins dänische Rödby (DFO-Lines, 1 Stunde, bis zu 50-mal täglich) und vom dänischen Helsingör

Ein Stillleben in Gold-Gelb bildet diese Landschaft bei Sigtuna am Mälarsee.

ins schwedische Helsingborg (Scandlines, 45 Minuten). Die beste Nachtverbindung ist die Strecke Kiel–Göteborg (STENA-Line, 12 Stunden, einmal täglich). Dazu kommen noch folgende Verbindungen: Travemünde–Trelleborg (TT-Line, sechs bis acht Stunden, zwei- bis fünfmal täglich), Fredrikshaven–Göteborg (drei Stunden mit der Fähre, 105 Minuten mit dem Katamaran, vier- bis siebenmal täglich) und Grena–Varberg/Halmstad (STENA-Line, vier Stunden, zwei- bis dreimal täglich). Die Scandlines fahren von Trelleborg zwei- bis dreimal täglich nach Rostock oder Sassnitz (fünf Stunden).

Mit der Bahn

Ab Hamburg verkehren zweimal täglich Direktzüge über Dänemark nach Stockholm. Die Waggons werden über die Vogelfluglinie direkt verschifft, die Fahrgäste müssen den Zug nicht verlassen. Diese Anreise ist aber nicht die billigste und keinesfalls die schnellste, oft

sind Flugangebote weitaus günstiger.

Mit dem Flugzeug

Schweden besitzt zwei internationale Flughäfen: Arlanda, 40 Kilometer nördlich von Stockholm, wird von der SAS, der Lufthansa, KLM, British Airways und der Swiss mehrmals täglich angeflogen. Nach Göteborg-Landvetter, etwa 25 Kilometer östlich der Stadt, fliegen ebenfalls mehrmals täglich Lufthansa und SAS, KLM und Austrian Arrows (Austrian Airlines Group).
Nach Malmö fliegt man über Kopenhagen. Vom Flughafen Kastrup fahren halbstündlich Schnellbahnen über die Öresundbrücke direkt nach Malmö.

Bernadotte

Die Bernadottes stellen seit 1818 die Könige. Seit 1973 regiert Carl XVI. Gustav, der der siebente Bernadotte auf dem schwedischen Thron ist.

Camping

Camping ist die beliebteste Freizeitbeschäftigung der Schweden und der Urlauber im Lande. In Schweden gibt es 700 Campingplätzen, die meist an einem See oder Fluss liegen. Das »Jedermannsrecht« erlaubt es jedem, auf allen öffentlichen Flächen und dort, wo es nicht ausdrücklich verboten ist, 24 Stunden zu campieren.

Einreise

Für die Einreise nach Schweden brauchen EU-Bürger einen gültigen Reisepass oder Personalausweis. Die Passkontrolle entfällt seit dem Abkommen vom März 2001 auch an der norwegischen Grenze. Das Dokument muss aber bei einem Grenzübertritt stets mitgeführt werden. Kinder unter 16 Jahren können im Pass der Eltern eingetragen sein oder

mit einem Kinderausweis reisen. Bürger aus Nicht-EU-Staaten müssen einen Reisepass mit sich führen.

Essen

Smørgåsbord heißt das Zauberwort der schwedischen Küche. An diesem reich gedeckten Tisch oder Buffet mit traditioneller Speisenfolge wird jeder satt. Der erste Gang besteht aus Spezialitäten des Schärengartens wie Senfhering, Strömmingsrolle, Strömmingssteak und Schärenbrot. Der zweite Gang beinhaltet leicht gesalzenen Lachs und Rogen, dazu Dillkartoffeln und ein kühles Bier. »Teller drei« ist den Salaten vorbehalten: Rote Bete, Tomaten oder Pilze. Der »vierte Teller« heißt Gourmetteller – er umfasst eine bunte Mischung aus Leberpastete, Roastbeef, Putenfleisch und Gemüse (Lauch). Der fünfte Gang besteht aus der warmen Hauptspeise – entweder aus gedünstetem Fisch mit Tomatensauce und Reis oder gegrilltem Roastbeef mit Kartoffelgratin, heller Kräutersauce und Ratatouille-Gemüse. Dann folgt der Käseteller mit skandinavischen Käsesorten. Zum Abschluss des Festmahls gibt es Mandeltorte, Obstsalat und andere Kuchen.
Ansonsten heißt der Mittagstisch *lunch* und das Abendessen *middag*, was viele ausländische Touristen missverstehen. Frühstück ist *frukost*. Weitere bekannte Spezialitäten sind Knäckebrot, Hering und Lachs, als Spezialitäten reicht man Elch- und Rentierfleisch und das einfache Nationalgericht *pytt-i-panna*, ein Pfannengericht aus Kartoffeln, Wurst, Speck und Zwiebeln.

Die Wälder liefern im Sommer riesige Mengen an Früchten und Beeren.

Eine der uralten Traditionen am Siljansee: Die Kirchboote bringen die Menschen sonntags zur Kirche nach Rättvik.

Feste und Feiern

Gesetzliche Feiertage

1. Januar (Neujahrstag), 6. Januar (Dreikönigstag), Karfreitag, Ostersonntag, Ostermontag, 1. Mai (Tag der Arbeit), Christi Himmelfahrt, Pfingstsonntag, Pfingstmontag, Allerheiligen, 25. und 26. Dezember (Weihnachten). Am Schwedischen Nationalfeiertag (6. Juni) wird ganz normal gearbeitet, die Läden sind geöffnet.

Feiern

Das wichtigste Fest ist das Mittsommernachtsfest, das an dem Samstag, der dem 24. Juni am nächsten liegt, gefeiert wird. Vor allem in Dalarna hat das Fest eine große Tradition.

Januar

Kiruna: Schneefestival mit Eisskulpturen und Hundeschlittenrennen
Helsingborg: Dorschfestival

Februar

Anfang des Monats: Jokkmokk, traditioneller Lappenmarkt mit großer Ausstellung von Kunsthandwerk und Viehmarkt.

März

Erste Märzwoche: Mora, Wasa-Lauf-Woche

Juni

Anfang Juni: Stockholm, Tag der Schärendampfer mit nostalgischen Ausfahrten
Anfang Juni: Stockholm, Internationaler Stockholm-Marathon
6. Juni: Stockholm, Schwedischer Nationalfeiertag zu Ehren der Königlichen Familie

Juli

Anfang Juli: Uddevalla, Fjord-Festival
Zweites Juliwochenende: Gotland, Stångaspelen, Olympische Spiele der archaischen Sportarten (z. B. Baumweitwurf)

August

Dritter Sonntag: Landesweit, Surströmming-Fest (Fest des Krebse-Essens)

Dezember

Ab 1. Dezember: Stockholm, Weihnachtsmarkt im Freilichtmuseum Skansen
13. Dezember: Landesweit, Luciadagen, dabei werden Prozessionen veranstaltet: Blonde Mädchen, die lange weiße Kleider und einen Lichterkranz tragen, ziehen durch die Städte.

Kultur-Festivals

Neben den genannten Feiern finden vor allem in den Sommermonaten zahlreiche kulturelle Veranstaltungen statt. Hier eine Liste der wichtigsten Festivals:

Juni

Zweite Juniwoche: Hällefors, Torghambo-Tanzwettbewerb
Mitte Juni: Rättvik (Dalarna), Rättvik Festival der Volksmusik

Ende Juni bis Juli: Rättvik und Leksand, Musik am Siljansee, verschiedene Veranstaltungen

Juli

1. Juli: Bingsjö, Spielmannstreffen, Musikvolksfest
Erstes Juliwochenende: Stockholm, viertägiges Jazz- und Bluesfestival im Stockholmer Freilichtmuseum Skansen
Anfang Juli bis zum zweiten Juli-Wochenende: Hälsingland, Hälsinge-Hambo, Tanzspektakel, Volkstanz-»Rallye«
Mitte Juli: Falun, Folkfestival mit internationaler Folkmusik
Ende Juli: Östersund, Storsjö-Festival, Gauklerfest und Spielmannstreffen

August

Anfang August: Jukkasjärvi, Tjärdal-Festival mit traditioneller Volksmusik
Zweite August-Woche: Visby, Mittelalterwoche (Medeltidsveckan) mit Straßentheater
Zweite Augusthälfte: Saltoluokta, Woche der Volksmusik

123

Geld

Währungseinheit ist die Schwedische Krone (SEK), die aus 100 Öre besteht. Es gibt aber nur 50-Öre-Münzen, so dass beim Zahlen stets auf- oder abgerundet wird. Weitere Münzen: ein, fünf, zehn Kronen, Scheine zu 20, 50, 100, 200 und 500 SEK. Es werden alle gängigen Kreditkarten akzeptiert, mit der EC-Karte und Geheimzahl können Sie auch an schwedischen Geldautomaten Bargeld (bis zu 2000 SEK) beziehen. Die schwedischen Wechselstuben heißen FOREX und sind in den Bahnhöfen, Fährhäfen und Flughäfen zu finden. Bei Geldwechseln wird eine Gebühr berechnet. Wichtig: Schweden ist nicht Mitglied der Europäischen Währungsunion.

Hemsjöld

Handwerkskunst ist vor allem bei den Besuchern Dalarnas ein beliebtes Souvenir. Heute bieten viele Läden nicht nur das berühmte Holzpferd Dalahäst feil, sondern auch Webarbeiten, Schnitzereien, Wandschmuck, Glas und Keramik.

Jul

Die Schweden feiern Weihnachten wie wir Mitteleuropäer: mit Baum, reich geschmückter Wohnung und traditionellem Essen. Weihnachtstrunk ist der *glögg*, ein alkoholfreier Glühwein. Der Weihnachtsbaum bleibt drei Wochen in den Wohnungen stehen und wird anschließend »geplündert«.

Klima und Reisezeit

Die klimatischen Unterschiede innerhalb Schwedens sind enorm. Im Sommer können im ganzen Land bis in den hohen Norden Temperaturen zwischen 25 und 30 Grad Celsius herrschen. Der Winter ist dagegen weniger einheitlich. Im Süden und Westen bewirken der Golfstrom sowie die Ost- und Nordsee ein maritimes Klima mit milden Wintern und wenig Schnee. Im Osten und Norden hingegen ist der Gebirgszug des Skanden für ein kontinentales Klima verantwortlich. Die Temperaturunterschiede zwischen Sommer und Winter sind hier viel extremer und die Winter sehr kalt. Im nordschwedischen Kiruna beträgt die Durchschnittstemperatur im Februar minus 12,9 Grad Celsius, in Stockholm minus 3,1 Grad Celsius, in Malmö minus 0,7 Grad Celsius.
Der größte Teil Schwedens liegt zudem im Regenschatten des Skanden-Gebirges, so dass Norwegen bei den vorherrschenden Westwinden den größten Anteil des Regens erhält. In Nordschweden ist es nur halb so viel, im Osten gar nur ein Fünftel des Niederschlags. Leider sind die Hauptreisemonate Juli und August die regenreichsten. Dennoch ist die beste Reisezeit von Mitte Juni und Ende August, in Stockholm und Südschweden bis Mitte/Ende September. In Schweden ist die Zeit zwischen der zweiten Junihälfte bis Mitte August die Sommersaison, dann steht auch das größte Angebot an Campingplätzen und Serviceeinrichtungen zur Verfügung. Auf den Fjälls und im Nordland kann bis Mitte/Ende Juni Schnee liegen, nach strengen Wintern sogar länger. Für Weitwanderungen eignet sich der August am besten, da zu dieser Zeit die Mückenplage abklingt. Mit dem ersten Nachtfrost ist die Mückensaison ganz vorbei. Die Mitternachtssonne scheint zum Beispiel in Gällivare vom 4. Juni bis 12. Juli, in Abisko vom 27. Mai bis 15. Juli. In Stockholm hingegen geht die Sonne im Juni von 22 bis 2 Uhr unter. Dunkel wird es aber nicht, höchstens dämmrig.
Für einen Winterurlaub ist der März zu empfehlen, da dann die extreme Kälte in Mittelschweden bereits abgeklungen ist, die Sonne schon wieder etwas höher am Himmel steht und länger scheint. Wie in Mitteleuropa kann im Hochwinter auf Frostperioden mit minus 30 Grad Celsius Tauwetter folgen oder der Winter generell schneearm sein.

Krankenversicherung

Zwischen Schweden und Deutschland sowie Schweden und Österreich gibt es jeweils ein Sozialversicherungsabkommen. Ein Sozialversicherungsabkommen mit der Schweiz besteht nicht. Die heimische Krankenkasse erstattet in Schweden also alle Leistungen, die auch schwedischen Staatsbürgern zustehen.
Da allerdings für jeden Arztbesuch und für jedes Rezept eine Selbstbeteiligung zu leisten ist, empfiehlt es sich, eine private Reisekrankenversicherung abzuschließen. Grundsätzlich muss man für jeden Arztbesuch eine Vorabzahlung zwischen 120 und 150 SEK leisten.

Ein eiskalter Wintermorgen bricht am Siljansee an.

Polarkreis

Erreicht er den »Polarcirkeln«, fährt der Schnellzug von Stockholm nach Kiruna langsamer und pfeift laut, damit die Reisenden Bescheid wissen. Die magische Grenze liegt 20 Grad 27 Minuten südlich des Nordpols und quert Schweden etwas südlich von Jokkmokk. Ein Foto der Polarkreispforte ist ein Muss für jeden Nordlandreisenden.

Sport (im Sommer)

Angeln

Angeln ist in Schweden sehr beliebt. Die zahlreichen Seen und Flüsse sind sehr fischreich und machen das Land zu einem wahren Anglerparadies. Nicht nur die Einheimischen, sondern auch Touristen widmen sich diesem Sport. Es ist möglich, Ferienhütten inklusive Angelberechtigung zu mieten. An den fünf großen Seen (Vänern, Vättern, Mälaren, Hjälmaren und Storsjön) ist das Angeln ebenso wie entlang der Küsten ohne Genehmigung erlaubt. Ansonsten benötigt man eine Angelkarte, die Touristenbüros, Sportgeschäfte und private Bezugsstellen tage- oder wochenweise vergeben. Skånes Turistråd (Adresse siehe unter Touristenbüros) vergibt eine Broschüre »Angeln in Südschweden«. Als bester Lachsfluss Europas gilt der Kalixälv an der Grenze zu Finnland (Informationen über Nordic Adventure, Solparksvägen 1, 17135 Solna, Tel. (08) 27 43 04).

Joggen

Waldlaufen und Joggen sind ebenfalls beliebte Sportarten. In vielen Städten und Ortschaften gibt es markierte Laufstrecken, diese sind mit farbigen Quadraten gekennzeichnet und unter dem Hinweis »Motionsspår« zu finden. Viele Laufpfade sind bei Dunkelheit beleuchtet.
In einigen Städten (Malmö, Stockholm, Eksjö oder Linköping) sind so genannte »Hälsoslingan« eingerichtet. Das sind Laufstrecken, die durch das Stadtgebiet führen und mit Tafeln und Kilometerpunkten gekennzeichnet sind. Eine vorbildliche Anlage be-

Anglerträume werden im Färnebofjärden-Nationalpark wahr.

findet sich in Göteborg, wo der Laufparcours durch ein Naherholungsgebiet mit Seen und Badeplätzen führt. Meist beginnen die Rundstrecken bei Campingplätzen oder Freizeitzentren.

Wassersport

Mehr als 400 Gästehäfen an den Küsten machen Schweden zu einem Paradies für Segler und Freizeitkapitäne. Die Schärenküsten sind die beliebtesten Gewässer, die Liegeplatzgebühren sind relativ günstig und die Landschaft ist sehr abwechslungsreich. Allgemeine Informationen erteilt der Svenska Seglarförbundet, Idrottens Hus, 12387 Farsta, Tel. (08) 6 05 60 00.
Im Binnenland können Hobbyskipper den Götakanal befahren. Er ist von Anfang Mai bis Ende September offen (Informationen: AB Götakanalbolag, Box 3, S-59 121 Motala, Tel. (01 41) 5 35 10, Fax (01 41) 21 55 50).

Kanu

Dalsland, Värmland und Südwestsmåland zählen zu den beliebtesten Kanu-Revieren Nordeuropas. An stark frequentierten Kanurouten gibt

es Bootsverleihe, etwa in Bengtfors am Dalslandkanal. Pflicht sind Schwimmweste, Müllsack und Spaten.

Golf

Schweden besitzt neben den USA und Großbritannien die meisten Golfplätze der Welt. Die Sportart ist weit verbreitet und ist nicht so elitär wie in Mitteleuropa – auch wenn es sehr noble und traumhaft angelegte Plätze gibt. Der Neun-Loch-Platz in Björkliden ist der nördlichste Golfplatz der Welt.
Besonders in den südlichen Läns bis auf Höhe des Siljansees finden sich fast in jedem Ort Golfplätze, spezielle Golfpakete inklusive Unterkunft und Greenfee werden von zahlreichen Hotels angeboten. Auskünfte samt Broschüren erhält man bei der Schwedenwerbung in Hamburg oder bei der Schwedeninformation in Stockholm.

Wandern, Trekking

Klassische Tageswanderungen kann man in Schweden eher selten durchführen. Die meisten Strecken sind Weitwanderwege, die in mehreren Tagesetappen zu bewältigen sind.

Neben dem bekannten Kungsleden (Lappland) gibt es auch in Süd- und Mittelschweden zahlreiche Weitwanderwege, zum Beispiel Bohusleden (Westküste), Berglagsleden (nördlich von Karlstad), Siljanleden (rund um den Siljansee, Dalarna), Kinnekulleleden (Vänernsee), Sevedeleden (Ost-Småland), Wasaloppsleden (von Sälen nach Mora), John Bauer-Leden (Vätternsee) oder Österlenleden (von Ystad bis Simrishamn).
Die Fjällgebiete des Nordens (ab den Westdalafjälls nahe Sälen) sind ein ideales Gebiet für Trekkingtouren. Ein 350 Kilometer langer Pfad führt beispielsweise von Sälen zu den Fjälls bei Åre. Mehrtagestouren kann man auch in Valadalen, den Fjälls bei Handäl, im Sylarnafjäll, im Vindelfjäll und allen Bergregionen entlang des Kungsleden bis zum Kebnekaise und Abisko machen.
Der Schwedische Tourismusverband (STF) unterhält über 90 einfache Fjällhütten und -stationen, von denen einige luxuriös ausgestattet sind. Übernachtungen in diesen Stationen (mit Frühstück oder Vollpension) sind im Voraus buchbar (STF, Box 25, 101 20 Stockholm, Tel. (08) 7 90 31 00).
Fjällstationen:
Abisko, Tel. (09 80) 4 00 00 (Hotelstandard, Zuganschluss)
Kebnekaise, Tel. (09 80) 1 81 84 (19 Kilometer zur nächsten Straße)
Saltoluokta, Tel. (09 73) 4 10 10 (älteres, rustikales Haus)
Kvikkjokk, Tel. (09 71) 2 10 22 (Hotelstandard, Startpunkt zu Sarek und Padjelanta)
Storulvån, Tel. (06 47) 7 40 20 (Hotelstandard)
Blåhammaren, Tel. (06 47) 7 01 20 (10 Kilometer zur nächsten Straße, höchstgelegene Station des STF)

Sylarna, Tel. (06 47) 7 50 10 (inmitten des Sylmassivs, 16 Kilometer bis zur nächsten Straße)
Grövelsjön, Tel. (02 53) 2 30 90 (in der südlichsten Gebirgsregion)
Vålådalen, Tel. (06 47) 3 51 10 (Hotelstandard, historische Anlage)

Stuga

Diese Hütte ist das nationale Ferienhaus der Schweden. Sie liegt auf einer Schäre, an einem See oder inmitten der weiten Wälder, ist stets mit *falu-röd* rotbraun getüncht und mit einem Fahnenmast versehen.

Unterkunft

Hotels

Grundsätzlich ist Schweden ein teures Reiseland, insbesondere Stadthotels können sehr hochpreisig sein. Ketten wie die Rica-Hotels, die Accor-Hotels oder die Best-Western-Gruppe bieten ab und zu günstige Pauschalangebote für Familien oder Wochenenden an, meist aber außerhalb der Hauptreisezeit. Ein Hotelverzeichnis verteilt die Schwedenwerbung.

Camping

Ab billigsten reist man in Schweden mit dem eigenen Wohnmobil oder mit dem Zelt und übernachtet auf Campingplätzen. Sie gehören zu den saubersten und komfortabelsten in Europa, sind aber vergleichsweise teuer. Schwimmbad, Badeplatz, Sauna, Laufparcours oder Spielplätze gehören bei Fünf-Sterne-Plätzen zur Grundausstattung. Meist liegen sie in schöner Landschaft an einem See oder Fluss. Zur Benutzung benötigt man die »Campingkort«, die man bei der ersten Übernachtung auf einem schwedischen Platz kauft oder bei Sveriges Campingvärdars Riksförbund, Box 225, S-451 17 Uddevalla, Fax (05 22) 64 24 30 bestellt. An fast jedem Campingplatz liegt das aktuelle, kostenlose Campingplatzverzeichnis auf, das alle Plätze klassifiziert und mit Symbolen charakterisiert. Man erhält dieses Verzeichnis auch im Internet unter www.swecamp.nu (deutsch). Viele Plätze verfügen über einfache Hütten, die tagweise gemietet werden können, dabei benutzt man die Sanitäreinrichtungen des Platzes.

Vadrarhem

Diese Unterkunftsvariante ist den Jugendherbergen vergleichbar, ist aber jeder Altersgruppe zugänglich. Viele werden vom Schwedischen Tourismusverband (STF) verwaltet und sind daher in jedem Winkel des Landes zu finden. Daneben gibt es eine ganze Reihe freier Vandrarhem. Die Preise bewegen sich zwischen 120 und 240 SEK pro Nacht und Person, wobei die Bettwäsche selbst mitgebracht werden muss. Ein Verzeichnis erhält man bei der Schwedenwerbung oder bei der SVIF, Sveriges Vandrarhem i Förening, Box 9, 450 43 Smögen, Tel. (04 13) 55 34 50.

Hütten oder Ferienhäuser

Blockhäuser erfreuen sich bei den Touristen wachsender Beliebtheit. Mehrere deutsche Reiseveranstalter bieten eine umfangreiche Auswahl an Hütten und Häusern an, die sich meist in Småland, Värmland oder Dalarna befinden. Man sollte sehr früh buchen

Eine der uralten Almen Dalarnas ist die Hällbergs Fäbod.

(bis Februar) und bei der Auswahl exakt auf die Beschreibung achten. Dann ist sichergestellt, dass man bekommt, was man gesucht hat. Gemietet wird in der Regel wochenweise. Vor Ort erkundigt sich man bei den Touristenbüros oder bei privaten Anbietern.

Häufig besitzen auch größere Campingplätze Hüttendörfer, in die sich Besucher einmieten können.

Urwald

Das Gold Schwedens sind seine Wälder und der Holzreichtum. Fast ein Prozent der weltweiten Waldfläche liegt auf schwedischem Gebiet. Hauptexportprodukt des Landes ist also Papier.

Die Wälder werden seit Jahrhunderten wirtschaftlich genutzt, nur wenige Urwaldreserven blieben daher übrig. Um diese zu erhalten, stehen heute viele Wälder als Nationalparks unter Schutz: Dalby, Tresticklan, Hamra, Norra Kvill, Tyrestra, Muddus oder Tandövala in Dalarna, um nur einige zu nennen.

Wintersport

In Schweden ist – wie in jedem anderen skandinavischen Land – der Skilanglauf Volkssport Nummer eins. Fast jede Gemeinde, jedes Dorf nördlich der Großen Seen präpariert seine Loipe, die nicht selten auch über beleuchtete Abschnitte verfügt. Das alpine Skifahren wird immer populärer. Die Zentren finden sich in den West-Dalarna-Fjälls bis zu den Bergen rund um Åre. Sälen, das Idrefjäll und die Region Åre-Duved zählen zu den größten Skigebieten des Landes. Sie bieten moderne Liftanlagen, zahlreiche Unterkünfte und weitere touristische Einrichtungen wie Restaurants oder Diskotheken. Da die Winter sehr kalt und es im Dezember und Januar sehr dunkel ist, empfiehlt sich die Zeit zwischen Ende Februar und Ende März für einen Winterurlaub. Der STF öffnet im Winter alle Fjällstationen, so dass man auch ausgedehnte Skitouren über die winterlichen Fjälls unternehmen kann. Auch Ausflüge mit dem Hundeschlitten sind im Angebot.

Personen- und Sachwortverzeichnis

Lektorat: Sonya Mayer

Satz und Layout: VerlagsService
Dr. Helmut Neuberger
& Karl Schaumann GmbH, Heimstetten

Repro: Lana Repro, Lana

Karthographie: KartenGrafik,
Thomas Vogelmann

Herstellung: Bettina Schippel

Abbildungsnachweis:
Umschlagvorderseite: Hauke Dressler,
LOOK
Seite 110: Konrad Wothe, LOOK

Alle übrigen Abbildungen stammen
von Peter Mertz

Alle Angaben dieses Werkes wurden
vom Autor sorgfältig recherchiert und
auf den aktuellen Stand gebracht
sowie vom Verlag überprüft. Für die
Richtigkeit der Angaben kann jedoch
keine Haftung übernommen werden.
Für Hinweise und Anregungen sind
wir jederzeit dankbar. Bitte richten Sie
diese an:

Bruckmann Verlag
Produktmanagement
Innsbrucker Ring 15
D-81673 München
E-Mail: lektorat@bruckmann.de

Ein kostenloses Gesamtverzeichnis
erhalten Sie beim

Bruckmann Verlag
D-81664 München
www.bruckmann.de

Die Deutsche Bibliothek –
CIP Einheitsaufnahme
Ein Titeldatensatz für diese Publikation
ist bei Der Deutschen Bibliothek
erhältlich.

© 2004 Bruckmann Verlag GmbH,
München

Printed in Germany by Passavia

ISBN 3-7654-4042-6